これだけは知っておきたい！

ビジネスマナーBOOK

NPO マナー教育サポート協会
理事長 岩下宣子 監修

はじめに

本書は、単なるマナー本ではなく、よりよい人間関係づくりのマニュアルでもあります。本書に書いてあることを実践するときには、「心」の部分も大事に行動し、マスターしてください。あなたはきっと、一段と大きな人間になれるでしょう。

こう確信しているのは、私がそうだったからです。私はマナーを勉強したことで“心自由人”になれました。それまで、自分のことで精一杯な人間で、「こういうときにはどのようにしたらよいのかしら」と、大事なときにいつもあせっていました。それが、マナーのルールを学ぶことで、思いやりの心を持って人と接することができるようになったのです。さらに、楽しくコミュニケーションをとること、相手の立場や気持ちを慮《おもんぱか》ることができるようにもなりました。そうなると不思議なことに、相手からも大事にしていただけるようになったのです。

仕事は一人でできるものではなく、多くの人の力を借りて初めてできるものです。相手から信頼されるために必要なのは、頭の

よさではありません。人格の力、人柄です。また、相手の立場に立った気配りや心配りです。そして、それらを相手に伝わるように表現することが大切なのです。

「センス」を辞書で引くと、「物事の微妙な感じ、あるいは意味を悟る働き」と書いてあります。マナーのルールを学び、周囲の人に思いやりの心で接することができれば、皆さんのセンスがより磨かれるでしょう。ぜひ、センスを磨いてマニュアルを超えたコミュニケーション力を会得なさってください。

フランスの哲学者アラン・コーナーは「マナーを厳守するものは利息で暮らしていけるが、守らないものは元金に手をつける」と言っています。本書をもとに、マナーのルール、思いやりの心、表現力、動作を学んでいただけることを願っています。

皆様の人生がよりよいものになりますよう、応援いたします。

岩下宣子

CONTENTS

はじめに ………………………………………………… 2

Part 1 身だしなみのマナー

① 社会人の基本の身だしなみ ………………………… 10
男性の正しい身だしなみ ………………………… 12
女性の正しい身だしなみ ………………………… 14
② 男性のヘアースタイル ……………………………… 16
③ 女性のヘアースタイル ……………………………… 18
④ 女性のオフィスメイク ……………………………… 20

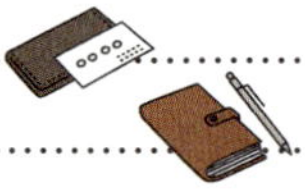

⑤ ビジネスバッグと私物の範囲 ……………………… 22
⑥ ビジネスマン必携の道具 …………………………… 24

Part 2 職場のマナー

① 社会人としての心構え ……………………………… 26
② 時間を守ることの意味 ……………………………… 28
③ オフィスでの姿勢 …………………………………… 30
④ デスクまわりの使い方 ……………………………… 32
⑤ 公私混同は厳禁 ……………………………………… 34
⑥ やってしまいがちなマナー違反 …………………… 36
⑦ 社外秘の範囲 ………………………………………… 38
⑧ エレベーターと廊下でのルール …………………… 40

Part 3　人間関係のマナー

① 挨拶とおじぎの基本 …… 42
② 挨拶の使い分け …… 44
③ おじぎの使い分け …… 46
④ 休暇の取り方 …… 48
⑤ 社内でのトラブル …… 50
⑥ 社外でのトラブル …… 52
⑦ セクハラ・パワハラの範囲 …… 54
⑧ オフィスでの人間関係 …… 56
⑨ 付き合いの範ちゅう …… 58
⑩ 社内行事での対応 …… 60
⑪ 社内宴会でのルール …… 62

Part 4　接客のマナー

① 名刺の交換 …… 64
② 名刺の管理 …… 66
③ 人物紹介のルール …… 70
④ スマートな接客 …… 72
⑤ 来客を案内する …… 76
⑥ 応接室でのマナー …… 78
⑦ お茶・お菓子の出し方 …… 80
⑧ 来客を見送る …… 84

CONTENTS

Part 5　仕事のマナー

① 仕事の進め方 …… 86
② ホウ・レン・ソウの徹底 …… 90
③ 報告するときのコツ …… 92
④ 正しく連絡する …… 94
⑤ こんなときにはまず相談 …… 96
⑥ 会議の準備 …… 98
⑦ 会議中のマナー …… 100
⑧ 会議後にすること …… 102

Part 6　会話のマナー

① ビジネス会話の基本 …… 104
② 自己紹介をする …… 106
③ 会話の上手な組み立て方 …… 108
④ スムーズな会話 …… 110
⑤ 言いにくいこと、願いごとを言う …… 112
⑥ 言ってはいけないひと言 …… 114
⑦ 敬語の種類と使い方 …… 116
置き換え語一覧 …… 122
呼びかけ語一覧 …… 123
⑧ 間違えやすい敬語 …… 124
⑨ よく使うビジネスフレーズ …… 126

Part 7 電話とメールのマナー

① 電話かけの基本 …… 128
② 電話かけの実際 …… 130
③ 電話を受けるルール …… 132
④ 電話メモの書き方 …… 134
⑤ 携帯電話のビジネスルール …… 138
⑥ 携帯電話のタブー …… 140
⑦ ファックスの賢い使い方 …… 142
⑧ メールを有効に使う …… 144
⑨ メール作成の基本 …… 146
⑩ クレームメールへの対処法 …… 148
⑪ はがきの有効な使い方 …… 150
⑫ 封書の有効な使い方 …… 152

Part 8 社外でのマナー

① 訪問するときの心構え ……154
② 訪問するときのルール ……156
③ 個人宅への訪問 ……158
④ 接待の基本 ……160
⑤ 酒席以外の接待 ……164
⑥ 接待を受けるときの礼儀 ……166
⑦ 接待を受けるときのタブー ……168
⑧ 出張の心構え ……170
⑨ 出張中の行動 ……172

Part 9 食事のマナー

① テーブルマナーの基礎知識 ……174
② 日本料理のマナー ……178
③ 西洋料理のマナー ……182
④ 中華料理のマナー ……186
⑤ 立食スタイルのマナー ……188
⑥ 酒席でのふるまい ……190

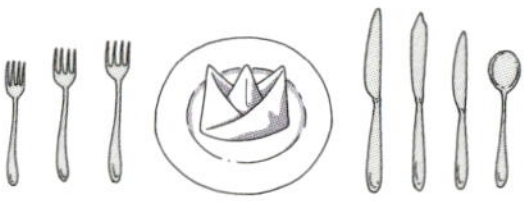

Part 10　冠婚葬祭のマナー

① 慶事の招待状 …… 192
② 慶弔電報の送り方 …… 194
③ 結婚祝い金の贈り方 …… 196
④ 結婚披露宴での服装 …… 198
⑤ 結婚披露宴当日の所作 …… 200
⑥ 結婚披露宴でのスピーチ …… 202
⑦ そのほかの慶事 …… 204
⑧ 訃報を受けたときの対処法 …… 206
⑨ 香典の基礎知識 …… 208
⑩ 通夜・葬儀での服装 …… 210
⑪ 通夜～告別式でのふるまい …… 212

ビジネス文書の書き方

社内文書 …… 216
社外文書 …… 217
手紙・はがきの書き方 …… 218
文書作成のヒント …… 220
正しい敬語の使い方 …… 222
人や物の呼び方一覧 …… 223

STAFF

編集・制作　バブーン株式会社（矢作美和、佐々木勝、古里文香）
イラスト　佐原周平、中村知史、キムラみのる
デザイン　鈴木ユカ

Part 1　身だしなみのマナー

① 社会人の基本の身だしなみ

「気は衣から」清潔感のある容姿なら仕事への意欲がアップ

　ビジネスにおいて一番大切なことは、第一印象で相手から「この人と仕事がしたい」と思ってもらえるかどうかです。この、第一印象を左右するのが見た目で、髪型や服装などの身だしなみが重要になってきます。

　もちろん、「身だしなみをよくする」＝「着飾る」という意味ではありません。たとえ高いスーツを着ていても、シワが寄っていたり、フケがついていたりすると印象は悪くなります。要は相手に不快感を与えず、好印象を持ってもらえることが大切です。

　とくに、爪が汚れている、めやにがついているなどの細かな部分は、意外と目立つうえに他人は指摘しにくいものです。毎朝鏡を見て確認し、ケアをしましょう。

　正しい身だしなみでいることは、他人への気づかいというだけでなく、自分のためにもなります。たとえば、家でパジャマを着ているとリラックスできるように、仕事中はスーツに身を包むことで気持ちが引き締まり、意欲がわいてくるはずです。

　仕事に取り組む意欲はビジネスではとても大切です。「気は衣から」だということを常に意識しておきましょう。

Check!

清潔のポイント

01
シワのないシャツ

02
すっきりとしたヘアスタイル

03
ジャストサイズの服

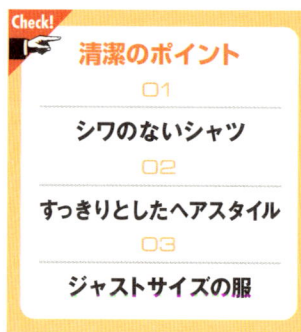

男性も女性も　まずはココをCheck！

□ フェイスケア

いきいきとした表情のために

毎朝、起きたら洗顔をしてめやにを落とし、清潔なタオルで拭く。女性はスキンケアもする。

□ 寝グセ・髪型

一番見られる部分なので慎重に

フケがないようにし、寝グセがあったらドライヤーで対処する。女性の長髪はまとめる。

□ 体臭・におい

自分では気づかなくても敏感に

お風呂に入るのはもちろんのこと、夏は制汗剤などを携帯して敏感に対処する。

□ スーツを正しく着ているか

細かな部分も見落とさない

ボタンが外れかけていないか、袖がめくれていないか、シワがないかなどを確認する。

□ 靴・足元

意外と目につく部分

靴下に穴がないか、ストッキングが伝線していないかを確認する。靴の中敷もきれいに。

□ 小物類

おしゃれをする場ではありません

高価すぎ、カジュアルすぎるものはふさわしくない。色は黒やグレーなど地味な色を選ぶ。

男性の正しい身だしなみ

スーツ

色は黒かグレーがよい。形状記憶仕様のものだとシワになりにくい。

シャツ

白が基本。細いストライプ、薄いチェック、淡い色のシャツもOK。

ネクタイ

無地かストライプで、スーツに合った色がよい。派手な柄は不向き。

丈の長さ

理想の丈は足の甲にあたるくらい。だぶつく、短すぎる丈はNG。

靴下・靴

靴下はスーツに合わせた色にする。靴は黒か茶色がよい。

NG

スーツが派手

太いストライプやチェックが入っているもの、暖色のスーツはダメ。

サイズが合っていない

大きすぎてズボンの裾を引きずる、小さすぎて丈が足りないのは格好悪い。

汚れている

食べ物をこぼす、ペンのインクがつくなど、汚れたらクリーニングへ。

ネクタイの結び方

プレーンノット

簡単にできてどんな場にも通用する。結び目は円錐型で長めになる。

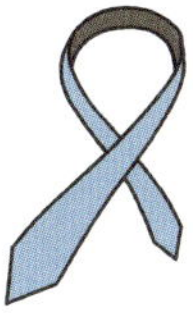

幅の太いほうを上にし、胸の前で交差する。

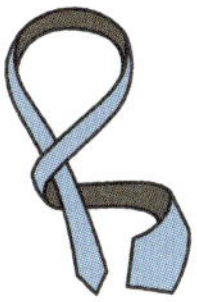

幅の太いほうを下にくぐらせ、一周巻く。

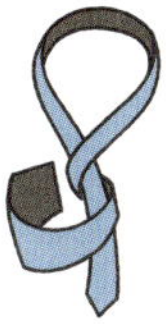

内側から、中央にできた結び目の輪に通す。

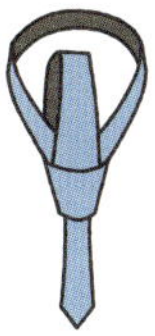

結び目を襟元まで上げて形を整える。

ダブルノット

プレーンノットを二重に巻き、結び目にボリュームを出したタイプ。

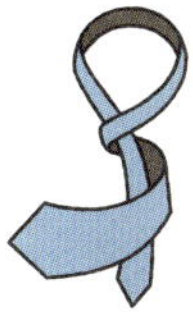

幅の太いほうを上に交差して一周巻く。

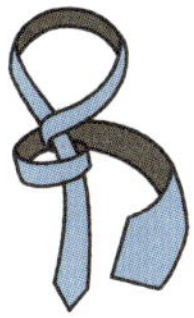

結び目のまわりをさらに一周させる。

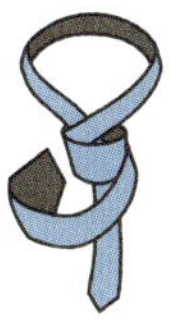

内側ののどの近くに持ち上げる。

結び目の輪に通す。重なりを整える

カジュアルデーのスタイルは

Tシャツなどの襟なしはカジュアルすぎるので避け、シンプルにする。

春夏秋冬の身だしなみ

汗が気になる真夏は通気性のよい盛夏用スーツを着用し、冬は保温性のあるインナーを着ると厚着に見えずすっきりする。春と秋は気候が穏やかなので、ネクタイやシャツの色で変化をつける。春は明るく、秋は暖色系でまとめるとよい。

女性の正しい身だしなみ

シャツ・ブラウス

白か淡い色がよい。ボタンをいくつも外して襟元を開けすぎるのはNG。

ジャケット

体のラインが強調されすぎるのはダメ。スタンダードなタイプがよい。

スカート丈

いすに座ったときにひざが隠れるくらいがよい。ミニスカートは避ける。

ストッキング

肌色のストッキングを着用する。伝線していないかを確認すること。

靴

ヒールの低い黒のパンプスがよい。サンダルやミュールはそぐわない。

NG

シルエットを強調

ウエストや胸など体のラインが出るようなスーツは避ける。

胸元が開きすぎ

シャツの間から、または屈んだときに胸元が見えるようなシャツはダメ。

ヒールの高い靴

コツコツと足音が響くのは人に迷惑。転んでけがをする原因にもなる。

パンツスーツの場合は

営業など外回りが多い活動派に向くスタイル。デザイン性が強いものはNG。黒やグレーの色を選ぶ。

屈んだときに背中や下着が見えやすいので注意する。

カジュアルデーのスタイルは

タンクトップやキャミソール、ミニスカートなど露出度の高いものは避ける。清楚なイメージがよい。

制服の場合は

袖口や襟が汚れているのは意外と目立つので注意する。ネームが曲がっていないかどうかも確認する。

春夏秋冬の身だしなみ

夏はジャケットを着ない場合が多いので、インナーの色がシャツに透けないよう、ベージュを選ぶと安心だ。冬にタイツをはく場合は、薄手の黒がよい。春と秋は品のよいトレンチコートを着て調節するとよい。

② 男性のヘアースタイル

無造作ヘアは誤解されやすい
さわやかな印象を心がける

ビジネスの場において清潔感のある身だしなみが重要なのは前述した通りです。男性の場合は、女性のように髪をまとめたり素顔を化粧で隠したりすることができないので、細かなエチケットにとくに注意を払わなければなりません。

髪型は会社や職種によって自由なスタイルが認められていますが、最初は控えめにするのが無難です。

まず、髪型は短くしてさわやかな印象になるように整えます。最近は整髪剤を使って髪をいじり、「無造作ヘア」にする人が多くみられますが、目上の人が見たらそれは寝グセのようにしか映りません。また、新入社員の極端な短髪や坊主は威圧感を与えるので、ビジネスでは不向きです。

カラーリングをする場合は、職場の自由度にもよりますが、暗い茶色など控えめな色を選ぶとよいでしょう。

男性の容姿でとくに目を引くのがひげです。きれいに剃ったつもりでも、剃り残しがあると意外と目立ちます。ひげ剃りの後は鏡でチェックしましょう。無精ひげはもってのほかですが、おしゃれのつもりでわざと伸ばしている場合でも、相手にとっては不快に受け取られることがあるので、必ず剃ってください。

Part 1
Part 2
Part 3
Part 4
Part 5
Part 6
Part 7
Part 8
Part 9
Part 10

FRONT

前髪は目にかからない長さにし、自然に落とす。正面から見たときに首の横から襟足が見えないようにする。

ポイント

短すぎる前髪はかえって幼く見える。全体にボリュームがある場合は、すいて調節するとよい。

SIDE

顔のラインがすっきりと見えるようにする。耳が隠れないように襟足は短くして毛先は、はねないようにする。

ポイント

もみあげはあまりいじらず、自然に見えるようにする。襟足がはねるようなら長くなったサインなので散髪をする。

ココをCheck!

ひげ

おしゃれの一環であってもひげを伸ばしていると不潔な印象になる。毎朝きれいに剃るのが基本。

鼻毛

自覚しにくいことではあるが、他人は目につきやすい。しかも、指摘しづらいことなので、必ずチェックをする。

まゆ毛

ゲジゲジでは印象が悪いので、整えたい。しかし、整えすぎて細かったり薄かったりするとかえって悪印象になる。

チャック

開いていると恥ずかしいという問題ではない。指摘しづらく、他人に迷惑。とくに初対面の人に会うときは要注意。

③ 女性のヘアースタイル

髪の毛が顔にかからないように
きれいにまとめると好印象

　女性の場合はビジネスの場であっても多少のおしゃれが許されていますが、それはあくまでも相手に好感をもってもらうというのが目的です。ヘアースタイルやメイクなどの過度なおしゃれは避けてください。

　髪型が短い場合は肩につくかつかないか程度の長さが無難です。長い場合は後ろでまとめて結い、髪の毛が顔にかからないようにしましょう。明るすぎるカラーリングや細かいパーマなどは許されません。

　また、髪の毛をまとめるといっても、頭の高い位置で大きなお団子結いをした髪型や、大ぶりのアクセサリーがついたヘアゴムを使ってのまとめ髪は、たとえ似合っていても、ビジネスの場では不向きです。コテを使って巻髪にするのもやめてください。

　髪型の選択肢が多い女性だからこそ気をつけたいのは、好きな髪型と自分に似合う髪型は違うということです。ショートカットが好きでも、自分に似合わなければかえってイメージダウンになります。客観的に判断してもらうため、家族や同僚に相談するのが一番でしょう。

Check!

正しい髪型なのか おじぎで確認

髪型が決まったら、おじぎをしてみる。頭を上げるときに髪の毛をかき上げなければならない場合はＮＧ。

Part 1
Part 2
Part 3
Part 4
Part 5
Part 6
Part 7
Part 8
Part 9
Part 10

FRONT

前髪は目にかからないようにする。分けてピンで留め、額を出すか、まゆ毛くらいの長さに整える。

ポイント

前髪を短く切る場合は幼い印象になりすぎないように気をつける。後ろ髪は顔にかからないようにする。

SIDE

後ろ髪を結ぶときはおくれ毛が出ないようにくしでまとめ、低い位置で結ぶ。耳を出すと明るい印象になる。

ポイント

髪が落ちてくる場合はピンで留めて固定する。ヘアゴムや髪留めは黒や茶色など地味な色がよい。

ココをCheck!

パーマ

ボリュームの出る細かいパーマはダメ。大きなカールでゆるいパーマなら大人っぽい印象になるので好まれる。

ヘアアレンジ

高すぎる位置でのお団子結いやおくれ毛を残したポニーテールなどはダメ。髪留めでアップにする程度ならOK。

カラー

金髪や明るい茶髪は避ける。暗い茶色程度だと、髪が伸びてきたときに生え際との色の違いが目立たず安心だ。

髪留め

大きな飾りがついている、明るすぎる色、ラメが入っているなど、おしゃれ目的の髪留めはビジネスに不向き。

④ 女性のオフィスメイク

「健康的で明るいメイク」がオフィスメイクの大前提

女性がメイクをすることは、OFFからONにスイッチを切りかえるようなものです。つまり、女性のノーメイクはマナー違反になります。ただし、ビジネスの場では、派手なメイクではなく、オフィスになじむようなナチュラルメイクが求められます。

どこまでがナチュラルで、どこからが派手になるのかという判断は、「自分の素顔を生かしているかどうか」です。

たとえば、目元のアイシャドウに濃い色やラメを使ったり、マスカラを重ねぬりしたりすると、部分的に強調されます。素顔からかけ離れると、対面した相手はメイクに気をとられて落ち着きません。流行のメイクを試したい気持ちもわかりますが、アフター5や休日に楽しみましょう。

ビジネスメイクは明るい表情を作るための補助的や役割なので、少し薄いと感じる程度で十分なのです。

たまに、通勤電車の中でメイクをしている人を見かけますが、これはとても恥ずかしい行為です。公共のマナーを守るのは最低限のマナーですから、絶対にやめましょう。朝、出勤の前にメイクをする時間を確保することもマナーのうちなのです。

Check!
メイクのポイント

01
清 潔

02
ナチュラル

03
くずれない

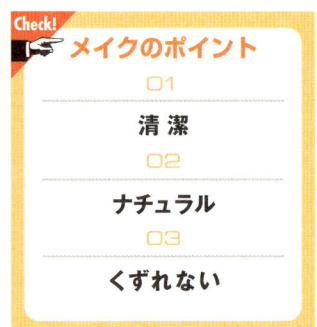

目元

アイシャドウはブラウン系やベージュ系を使うのが望ましい。薄くぼかして自然にみえるようにする。

まゆ毛

カーブが自然になるように整える。極端に細かったり、急なカーブは相手に違和感を与える。

ファンデーション

自分の肌の色に近い、少し明るめの色を選ぶと自然に見える。厚くぬらず、薄づきにする。

チーク

ほおの高い位置のところに少し色づく程度に薄くつける。濃いと幼くみえるので注意。

口元

唇は乾燥しないようにリップクリームでケアする。口紅はピンクやベージュ系が落ち着いて見える。

香水はさりげなく

自分はよくても
他人には嫌いな香りかも

さわやかな弱い香りを選ぶとよい。量は手首と耳の裏に少量つける程度で十分。または、下着につけるとにおいがきつくならない。

ネイルは無難に

短く整った爪で
シンプルなカラーならOK

薄いピンクやベージュなどナチュラルな色のネイルがよい。飾りや模様は目立つので避ける。また、色がはがれているのもみっともない。

NG

囲み目

アイライナーで目のまわりを囲むと目元が際立って怖い印象になる。ビジネスでは好まれない。

ラメ系

キラキラとしたアイシャドウでおしゃれ感を出したいのはわかるが、場違いだ。

ノーメイク

いくら素顔がきれいであっても、メイクは必要。就業中は人と出会う場だという意識をもつ。

⑤ ビジネスバッグと私物の範囲

よく使うものがさっと取り出せる万能バッグを厳選する

ビジネスバッグは毎日持ち歩くものなので、仕事がスムーズに進むように機能性を重視して選びましょう。飽きのこないデザインで黒や茶色などスーツに近い色のバッグなら長く使えます。

バッグを選ぶときは男女とも、A４サイズの書類が曲がったり汚れたりせず、すっぽり収まる大きさがベストです。

また、内や外に小さなポケットがいくつかついていると、名刺入れや携帯電話など使用頻度の高いものを取り出しやすくて便利です。

形選びは男性の場合、手提げタイプだとスーツにシワが寄りません。女性の場合、手提げとショルダーを兼ね備えたタイプなら物をたくさん入れて重たくなっても運びやすいでしょう。毎日使うものなので、多少の汚れや傷がつくことを考慮して素材を選んでください。最近は防水加工が施されたナイロン製が人気です。

カジュアルなリュックや派手な色のバッグ、高価なブランド品のバッグは、相手から偏見をもたれる恐れがあるので、避けましょう。

Check!

かばんの中に入れておくもの

- □ ハンカチ・ティッシュ
- □ 名刺入れ・名刺
- □ 手 鏡
- □ 手 帳
- □ 筆記用具
- □ 財 布

※女性はメイク直しの道具も。

色・素材

丈夫な革製か水に強いナイロン製がよい。色は黒を。２つ目以降は茶色など地味色でもよい。

大きさ

資料など大きなものを入れることを考えて選ぶ。持ってみて軽く、負担にならないものを。

デザイン

スマートに見えるデザインが好印象。内ポケットがたくさんついているものが便利。

ビジネスバッグのQ&A

Q1 重いときはリュックではダメ？

A カジュアル感が強すぎるのでNG。荷物が多い場合は、黒のトートバッグなどを併せ持つとよい。

Q2 ブランド品はどうしてダメなの？

A ロゴが入っていてひと目でブランド品と分かるようなものは、新入社員だと生意気な印象になる。

こんな私物、会社に持ってきても大丈夫？

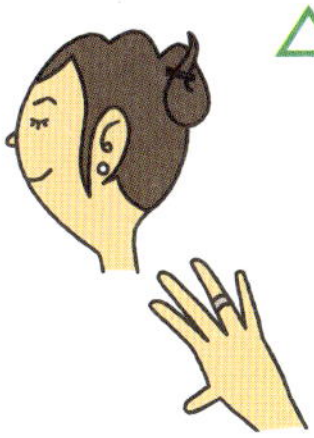

△

アクセサリー

リングやピアスなどは、小ぶりで目立たないタイプならつけてもOK。大きな飾りのついたものは避ける。

○

本・雑誌

通勤途中に読むためのビジネス誌や文庫本なら大丈夫。ただし、漫画やファッション誌は避けること。

写真

自分のプライベートな写真は、ひと目につかないように忍ばせて。かばんの中から出さなければOK。

○

音楽プレーヤー

仕事中の使用はもちろん禁止。通勤途中に聞くだけであれば問題ないが、会社を出てすぐ聞くのは感じが悪い。

△

Part 1　身だしなみのマナー

⑥ ビジネスマン必携の道具

役立つアイテムは
プライベートと区別して選ぶ

　そろえておきたいビジネスグッズは職種や業種によって違いますが、名刺入れ、スケジュール帳、時計、携帯電話は最低限必要です。

　選ぶときには、ただただ無難なものを選べばよいというわけではありません。機能性をきちんと考えてください。

　たとえば、名刺入れは自分の名刺に合った大きさなのはもちろんですが、ある程度枚数が入って、受け取った名刺が入れやすく、ポケットが2～3か所あって分類しやすいといった、一石二鳥にも三鳥にもなるほうが重宝します。また、手帳は社外の人と打ち合わせをするときに使うことが多いので、ビジネスタイプにし、持ち歩くクセをつけましょう。

　くつ下やベルトなど身につける小物は、トータルコーディネートを意識して選びます。黒いスーツと黒い靴なら、つなぎとなるくつ下も黒にすると目立ちません。前のページで紹介したビジネスバッグと同様に、小物類もカジュアルなものやブランド品は持っていると印象が悪いので避けてください。

NG!

**携帯電話に
ストラップをたくさんつける**

学生気分が抜けていないような印象を与えがちである。シンプルなものを1、2個つけるだけにとどめたほうがよい。

ビジネス小物の選び方

名刺入れ

取り出しやすく、量が入るものを選ぶ。内側の上ポケットにも名刺を横入れできるタイプが便利。

スケジュール帳

ビジネス用として一冊持つべき。カバーは黒や茶色など地味な色にすると、目立たず知的にみえる。

ベルト

デザインがシンプルで、バックルが小さめのものを。色は靴と合わせ、トータルバランスを考える。

時計

ベルトは黒や茶色を、デジタルよりアナログ表示のものがよい。ブランド品は印象が悪い。

財布

ポケットに入れやすい２つ折りのタイプを。小銭入れは分けて持つと支払いがスマート。

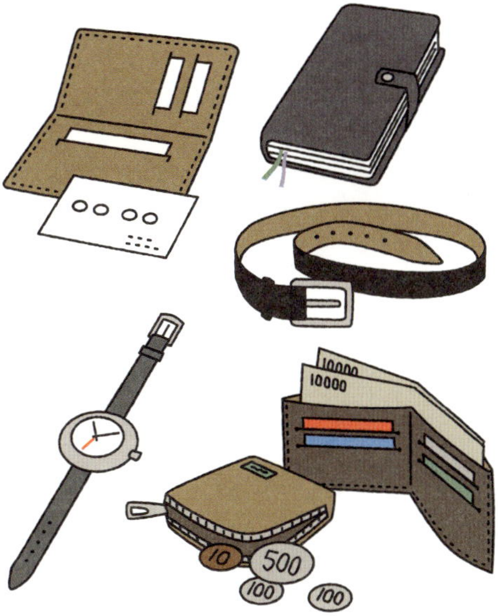

ロッカーを上手に活用

汚れたときに着替えるシャツ、急な接待があったときに羽織れるジャケット、弔事に必要なネクタイと喪服、ストッキングや靴下の予備など、いざというときのために、役に立つものをロッカーに常備しておくと安心だ。ただし、着替えは定期的にクリーニングへ。

置き物 Check!

- □ シャツ
- □ 歯ブラシセット
- □ ジャケット
- □ 靴下・ストッキング
- □ ネクタイ

① 社会人としての心構え

学生気分のままではダメ 気持ちを切りかえて大人の行動を

社会人になったら、仕事をする見返りとして給料をもらいます。そのためには、会社に貢献するという意識をもたなければなりません。

遅刻をしない、挨拶をする、仕事を早く覚えるといったことは、ビジネスの常識です。これらができないと、貢献するどころか、会社にとって迷惑になります。

また、社会人として言動には責任を持ちましょう。おどおどした話し方だったり、やる気のない態度だったりすると他人から頼りなく思われて仕事を任せてもらえません。まずは、学生時代のような甘えた気持ちは捨て、キビキビとした行動を心がけることがビジネスマンとしての第一歩なのです。

仕事に集中できる体づくり

体調はいつも万全にして仕事に励む

就業時間内は集中した態度で仕事に挑みたいものです。無駄な残業や遅刻はもちろんしてはいけません。また、夜通し飲んだり、DVDを見たりなどによって睡眠時間が少ないと、翌日の仕事に大きく響きます。仕事に支障が出ないよう日頃から体調管理に気をつけましょう。

社会人の6つの心得

STEP 1

素直な姿勢は社内で好印象

「意欲があるな」、「謙虚だな」と相手に感じさせるには、素直な態度が一番だ。

その1 自覚と責任を持つ

会社の一員だということを自覚し、仕事を頼まれたら最後まで責任を持って行うことが大切。また、周囲への気配りを常に心がけて、迷惑をかけないようにすること。

その2 意欲と謙虚さを持ち続ける

新入社員という立場をわきまえて、先輩や上司へ謙虚な態度で接することが大事だ。仕事では、電話に早く出たり、わからないことを積極的に聞いたりして意欲的に取り組むとよい。

STEP 2

時間が守れる人は仕事もできる

人との約束や会議の時間など、ビジネスでは守るべき時間が多い。

その3 就業時間を守る

「就業時間」＝「仕事を始める時間」と心得て、就業時間に到着するのではなく、早めに出社してメールチェックなどをすませておく。終業時は早々と帰らずに、少しすぎてから帰るとよい。

その4 仕事は早く覚える

わからないことは上司や先輩に積極的に聞いて教えてもらい、早く覚える努力をする。ただし、いつまでも教えてもらう立場ではダメ。戦力になるよう、先輩方の行動を見て能動的に学ぶようにする。

STEP 3

公私混同は命取りになる

人間関係や仕事に慣れてきても、トラブルに巻き込まれないように気配りをする。

その5 会社の理念とルールを知る

「郷に入りては郷に従え」。会社の掲げている企業理念を理解することが大切だ。また、当番制の掃除や、全体朝礼などのローカルルールがある場合は、それに従う。

その6 公私の区別をする

基本的に会社では私用の電話や外出をしてはいけない。どうしても必要な場合は、休憩中か上司の許可を得てからにする。また、プライベートで嫌なことがあっても、表情や態度に出さずにふるまう。

② 時間を守ることの意味

早め早めの行動が余裕あるビジネスライフにつながる

会社で決められている就業時間を守ることは大前提ですが、ただ守るのではなく、時間を有意義に使えるように工夫する必要があります。

たとえば、「すき間時間」です。移動時間や手のあいた時間は１日たかが10分程度であっても１週間（５日）と考えると合計50分になります。このすき間時間は無駄にならないよう、調べ物をする時間やスケジュールを確認する時間などにあてましょう。

また、人との待ち合わせに遅刻をしたり、仕事が期限内に間に合わなかったりするのは社会人として失格です。スケジュールは余裕を持って立て、時間や期日を絶対に守るように日頃から努力をしましょう。

朝は30分前には会社へ到着しよう

「始業時間」は仕事を始める時間のこと。その前には準備が必要です。

とくに守るべき時間

出社時間

最低でも始業時間の５分前には着席する。準備をして、気持ちを落ち着かせると仕事に対しての取り組み方も変わる。会社によっては、遅刻が減給や有給休暇消化の対象となることもある。

アポイント時間

集合場所には約１０分前に到着し、相手を待たせることがないようにする。相手から連絡があるかもしれないので、携帯電話がつながるよう電波を確認する。待っている間は身だしなみなどを確認する。

退社時間

終業時間までが仕事のうち。デスクまわりの片付けや着替えなどの帰り支度は、タイムカードを押した後に行う。終業時間の数分前からパソコンの電源をOFFにすると、帰る気満々に見えるのでNG。

会議の時間

全員がそろわなければ始まらないので、開始約５分前には着席する。中座は嫌われるのでトイレは早めにすませておくこと。着席したら、配布資料を読み、会議の流れを押さえておく。

遅刻しそうなときは…

ルール　約束の10分前には連絡をする！

遅刻することがわかった時点（最低でも１０分前）で連絡する。嘘や言い訳はしない。

「すみません、遅刻いたします」

伝えるべきこと

- 謝罪のひと言
- 遅刻の理由（簡潔に）
- どれくらい遅れるのか
- 相手に先にしていてほしいことがある
- 代理をお願いしたい

Part 2　職場のマナー

③ オフィスでの姿勢

就業時間中は
ほどよい緊張感を持って過ごす

オフィスでは前向きでやる気のある態度が好まれます。

たとえば、席に座ってパソコンで仕事をしている姿ひとつとっても、ほおずえをつきながらするのと、背筋を伸ばしてするのとでは、取り組む姿勢は歴然としています。

ほおずえやため息をつきながら仕事をしていると、見た人は「やる気がないのかな」という印象を受けるでしょう。また、遅刻や私語が多いと学生気分が抜けていないように見え、周囲からの信頼度は下がります。「日頃の態度」＝「仕事に取り組む姿勢」だと心得て、周囲の目を常に意識することが重要です。

職場は１日のほとんどを過ごす場所ですから、どんな人にも気配りをしなければいけません。一所懸命に仕事に取り組んでいても、独り言や物音などを発すると周囲の集中力を乱す原因になることもあります。

また、上司や先輩には敬意を払って接するのが基本です。相手は仕事を教えてくれる立場であり、仕事と人生において自分より経験が豊富な人物です。敬語を使う、呼ばれたら返事をしてこちらから会いに行くなど、失礼のない態度を心がけましょう。

Check!

オフィスでの姿勢

01

意欲的に取り組む

02

周囲を意識する

03

上司や先輩を敬う

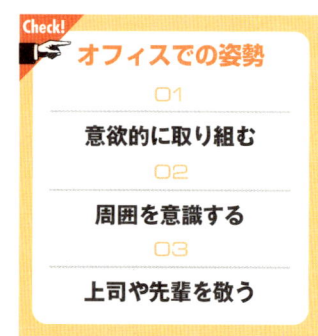

オフィスで気をつけたいこと

好感度UP

雑用を進んで行う

ポイント

コピーを取る、お使いに行く、お茶出しや片付けをするなども仕事の一環だ。気づいたら自分から進んで行う。

帰る前に机を整頓する

ポイント

1日の仕事が終わったら、デスクの整理整頓をする。きれいにしておくと翌日気持ちよく仕事に取り組める。

正しい姿勢で仕事をする

ポイント

いすの背もたれには寄りかからず、背筋を伸ばして仕事に取り組む。猫背や深く腰かけるのはNG。

足を組んで座る

ポイント

両足ともひざをそろえて座る。男性はこぶし1個分開け、女性はしっかりと閉じて座るとよい。

席から勝手にいなくなる

ポイント

黙って長時間席を離れると、周囲に迷惑がかかる。行き先を告げ、上司の許可を得てからにする。

私語が多い

ポイント

長時間、または大声での私語は、仕事をさぼっているように見える。電話中の人のそばではとくに邪魔。

好感度Down

④ デスクまわりの使い方

整理されたデスクなら仕事の効率がぐっと上がる

　デスクの上が乱雑だと、ペンや資料を探すのに時間がかかり仕事が滞ります。そんなことのないよう、日頃からきちんと整理整頓をしましょう。

　まず、不要なものは捨てます。終わった仕事の資料の中で、大切ではないものはどんどん破棄しましょう。

　次に、使いやすいように仕分けをします。このとき、仕事内容別に、または年度別にファイリングをするなど、決まりごとを作って分けてください。

　そして、しまう場所を決めます。文房具や名刺は引き出しの上段へしまう、よく見る資料はデスクに並べるなど、場所をはっきりと区別しておけば、必要なものをすぐに取り出せます。

管理するときのポイント

01

データはバックアップをとる

資料や画像などのパソコンで扱うデータは、フォルダ分けをして保存し、わかりやすいファイル名をつける。紛失の恐れがあるので、定期的にバックアップをとること。

02

鍵のかかる場所を活用する

引き出しの手前の段、または下段は鍵つきの場合が多い。重要な書類や印鑑などはそこへ保管し、人目につかないよう気をつける。大きいものは、ロッカーを活用する。

03

資料は元の位置へ戻す

人から借りた資料などは、必ず持ち主に返す。資料室の本や共有の書類はほかの人も見るので、手元に置かず、コピーやメモを取って早めに戻す。

電話まわり

右利きの人は、左手で受話器を取り、右手でメモを書くことを考え、電話を左側に配置。メモとペンは電話の近くに置く。

パソコン

デスクの正面奥に配置する。画面の角度を少し傾けて見やすくし、右利きの人は、キーボードの右側にマウスを置く。

デスクの上

右奥にブックスタンドを立ててファイルを並べる。手前には、なるべく物を置かないようにし、作業スペースを十分にとる。

デスクの下

基本的に何も置かないほうがよいが、ロッカーがない場合は、デスク下の端にバッグを置いてもよい。

POINT

引き出しはルールを決める

中央

長い定規を入れたり、作業中の書類の一時保管場所にしたりするとよい。

上段

ペン、ふせん、クリップなど、よく使う文房具や印鑑を入れる。

中段

テープカッターやパンチなど、たまに使う文房具やDVDなどを入れる。

下段

ファイルの背を上に向けて並べる。余裕があればパソコンの付属品を入れる。

⑤ 公私混同は厳禁

区別しているつもりでも意外な落とし穴がある

仕事とプライベートのラインは「会社にとって損か得か」を見分けることです。会社はあくまで仕事をする場なので、必要以上に「自分」を出してはいけません。

たとえば、長年飼っていたペットが死に、落ち込んで仕事が手につかない……。気持ちはわかりますが、仕事は仕事、公私混同になります。

また、学生時代からの友人が取引先にいた場合、ニックネームで呼び合ったり長話しをしたりするのもいけません。

意外とやりがちなのが会社のペンなどの文具を自宅へ持ち帰る「物」の公私混同です。仕事で使うのが目的で支給されているのですから、自分の物のように扱わないようにしましょう。

Q 本当につらいことがあったらどうすればいい？

A キーワードは「にもかかわらず、微笑む」

気持ちの公私混同はとくに嫌われます。あなたが暗い顔をし、気分が盛り下がった状態では、周囲の人が気をつかい、迷惑をかけます。どんなに嫌なことがあっても、他人には関係がありません。笑顔を心がけましょう。

注意したい公私のボーダーライン

公には2種類ある

公

時間の“公”

家に帰るまでは公の場と心得る。就業時間中に私用の外出をするのは基本的に禁止。残業中に人が少なくなっても気を抜かないこと。

物の“公”

文房具や備品、コピー機、パソコン、電話などの設備や電気代などがこれにあたる。会社支給のipodに好きな音楽を入れるのもNGだ。

インターネットで調べ物

○ セーフ 仕事に関する調べ物を検索
× アウト 買い物や趣味に関する検索

文房具を勝手に持ち出す

○ セーフ 他社の人との打ち合わせ
× アウト 家で手帳や日記を書くため

後から依頼された仕事を優先

○ セーフ 急を要する仕事を頼まれた
× アウト 仲のよい人から頼まれた

携帯電話の充電をする

○ セーフ 会社で支給された携帯電話
× アウト プライベートの携帯電話

⑥ やってしまいがちなマナー違反

職場に慣れてきたからといって、気をゆるめてはダメ

会社に入ってすぐの頃は緊張のためかきちんとしていたのに、数か月を過ぎた頃から挨拶を正しくしなかったり、報告・連絡・相談（ホウ・レン・ソウ90ページ参照）をないがしろにしたりといった態度をとるようでは、周囲はがっかりです。

仕事や人間関係に慣れて、少し余裕がでてくるときこそ「これくらい、まぁいいか」と、気をゆるめてはいけません。

とくに気をつけたいのは、仲良くなった先輩に正しい敬語を使わなくなること。親しみを込めているつもりでも、なれなれしい態度はよく思われません。ささいなことで人間関係が悪くなると職場の雰囲気も悪くなり、仕事に支障をきたします。

マナー違反Checkシート

□	1 化粧がくずれたので、時間をかけてメイク直しをする	×	トイレの洗面台を占領したり、長く離席したりは迷惑。
□	2 会議室が空いていたのでランチをする	×	許可無く空室を使うのは禁止。飲食は指定の場所で。
□	3 社内イベントの資料を会社でコピーする	△	業務の一環とみなされるならコピーしてもよい。
□	4 取引先に友人がいたので声をかけて話し込む	×	長々とはNG。就業時間中だということを忘れずに。
□	5 喫煙に行く回数が以前よりも増えた	×	何度も席を立つのは印象が悪いので、なるべく控える。

マナー違反が起こるのはなぜ？

新入社員の頃

何をするのも初めての頃は、人の意見をよく聞き、素直な態度で行動するのが望ましい。

気がゆるむ要因

- 業務に慣れて余裕が出てきた
- 飲み会などが増え、周囲の人に慣れてきた
- 先輩の悪い態度をまねた
- 正しい態度を持続するのに疲れてきた

↓

「これくらいならまぁ、いいか！」

半年〜1年後

挨拶の声が小さくなったり、身だしなみや言葉づかいが乱れたりしやすい時期だ。

喫煙者に多いマナー違反

新入社員の頃はなるべくタバコを控えたほうがよいが、喫煙所を利用する場合、長く居座ったり、日に何度も自席を離れたりしないこと。また、飲み会で吸うときは隣の人や料理に煙がいかないように気を配る。口臭や服に残った臭いも嫌われるのでケアを。

⑦ 社外秘の範囲

情報漏えいは
いつ、どこで起こるかわからない！

商品開発の技術や製造方法、新しいプロジェクト内容など、仕事で扱っている情報が漏れると、会社の信用問題に大きく影響します。

とくに、2005年に施行された個人情報保護法により、顧客の氏名、住所、電話番号などの個人情報は、慎重に管理するよう法律で定められています。

情報が漏れるのは意外な場所です。たとえば、外で人と話すときや携帯電話で会話をするときに第三者に聞かれたことから漏れたり、仕事の資料を机の上に置きっぱなしにしていて部外者に見られるというケースで情報が外部の人に知られたりします。忙しいときでも、必ず資料はふせたり、しまったりするクセをつけましょう。

とくに、パソコンからの情報流出は最近大きな問題になっています。USBに入れて持ち出したデータを紛失したり、セキュリティの不確かなホームページ、またはメールを見てウイルスに感染したりすることがないよう、データの管理やウイルス対策はしっかりと行いましょう。

Check!

こんなときに情報が漏れやすい

- 飲み会
- 人混み
- パソコンウイルス
- 携帯電話での会話

Part 1
Part 2
Part 3
Part 4
Part 5
Part 6
Part 7
Part 8
Part 9
Part 10

社内の重要情報

重要度 高

新規プロジェクト　重要度98％

企画段階の事業内容は、社外に発表するまで内密にする。場合によっては部内秘のこともある。

製造方法　重要度95％

特殊な技術、製造の詳しい方法などは企業の要ともいえる情報だ。口外しないこと。

顧客情報　重要度100％

氏名、住所、電話番号は絶対に外部へ漏らしてはダメ。古い資料はシュレッダーをする。

社員情報　重要度90％

顧客情報と同様に、氏名や住所などの個人情報、また家族構成も外部に漏らしてはいけない。

給与情報　重要度85％

社員の給与額は本人にのみ伝えられるもの。経理の業務に携わる場合は、口外しないこと。

人間関係情報　重要度80％

社内では派閥などが起こる場合がある。妬みや恨みをもたれるような、人に不利になる情報の噂はしない。

重要度 低

情報を守るために

口を慎む

会社の情報や抱えている仕事の詳しい内容は、日頃から人に話さないようにする。不特定多数の人がいる場所ではとくに控えること。

削除する

人に見られると困るような、重要な内容のメールやデータは、いつまでもパソコン上に残さず、日頃からこまめに削除するようにする。

持ち歩かない

重要書類、または情報の入ったデータをUSBに入れて持ち歩くのは危険だ。紛失や盗難にあう可能性があるので、会社から持ち出さない。

⑧ エレベーターと廊下でのルール

すれ違うときに譲る気持ちを忘れないこと

廊下やエレベーターで人とすれ違ったら、挨拶をして道を譲るのは常識です。

会社内で人とすれ違うときは、社内の人ならアイコンタクトをして軽く会釈するか挨拶をし、社外の人なら「いらっしゃいませ」または「こんにちは」と明るく積極的に声をかけましょう。

急いでいても失礼な態度をとってはいけません。社外の人から見ると「社員の行動」＝「会社のイメージ」ですから、信頼度が下がります。

エレベーターでは立つ場所（席次）を守り、進んで操作します。しかし、大勢乗り合わせたときは、もたもたするとかえって邪魔になりますので、臨機応変な対応もマナーのうちです。

やりがちなマナー違反

飲食物の持ち歩きは会社のイメージダウンに

コンビニで買ったペットボトルや菓子パンを袋に入れずオフィスへ持ち込む、コーヒーショップのカップを持ち歩くといった行動はビジネスの場ではタブーです。たとえオフィスで飲食するつもりでもそのまま持ち歩くのは下品なので、必ずバッグか袋の中に忍ばせて運びましょう。

廊下でのルール

●端を歩く　●音を立てない　●道を譲る

来客を連れて歩く

ポイント

上司が前から来ても道は譲らない。譲ると来客が気をつかう。

人とすれ違う

ポイント

前方から人が来たら道を譲る。上司なら立ち止まって挨拶をする。

上司と連れ立って歩く

ポイント

上司の1～2歩下がって歩く。すれ違う人には挨拶をする。

エレベーターでのルール

●降りる人が優先　●私語をしない
●操作は積極的に

エレベーターの席次

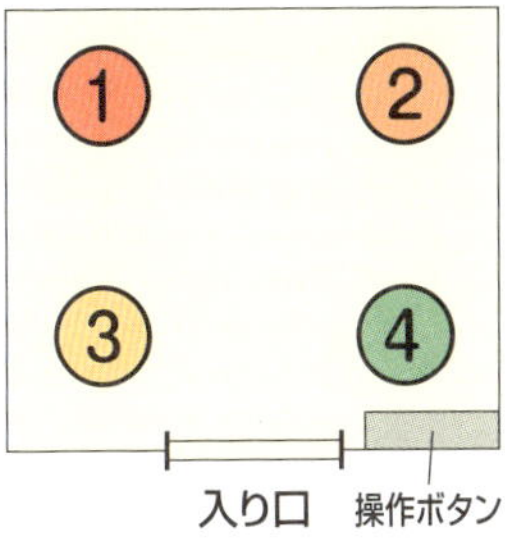

※①から順に上座

操作ボタンの前が下座となる。乗るときは上司に背を向けないよう斜めを向いて立つ。

正しい乗り方

① **押さえる**　ドアかボタンを押さえ、上司や先輩を先に乗せる。

② **乗る**　ボタンの前に斜めに立って乗り、ドアを閉める。

③ **操作する**　乗ってきた人に階数を聞き、ボタンを押す。

① 挨拶とおじぎの基本

人間関係のスタートは何気ない挨拶から始まる

挨拶はコミュニケーションの基本です。たかが挨拶とあなどらず、挨拶は仕事の一部と考えてください。ところが、最近は正しくできない人が多いようです。挨拶をするとき、相手の顔を見なかったり、暗い顔をしていたり、小さな声だったりするのは挨拶といえません。また、パソコンを見ながらなどの「ながら挨拶」も、相手に失礼です。

挨拶をするときはおじぎとセットで行います。正しい挨拶は笑顔でお互いを見ながら明るく大きな声でするものです。目下の人から行うのが基本なので、新人社員は意識して積極的に行いましょう。

ちなみに、社内の人への挨拶は、浅い会釈をしながら午前中は「おはようございます」、午後は「お疲れ様です」と声をかけます。お客様や社外の人への挨拶は、深めにおじぎをして「いらっしゃいませ」と言います。

社員ひとりひとりが気持ちよい挨拶をすれば、お客様はもう一度来たいと思うでしょう。また、打ち合わせなどで初対面の人に会うときにも、挨拶が正しくできなければ、相手に信頼してもらえません。「挨拶は会社の要」だと心得て、正しく行いましょう。

Check!

好印象な挨拶

01
大きな声

02
笑顔

03
相手の目を見る

正しい挨拶の仕方

基本の挨拶

①立ち止まる　②挨拶をする　③おじぎをする

おはようございます

……ます
POINT
言葉の終わりから頭を下げる

この人に会ったときの挨拶は

社内

上司　日によく会う直属の上司であっても、目上の人に対しては正しい挨拶をする。

先輩　おじぎは軽くでもよい。他部署の人でも積極的に挨拶をする。

同僚　気軽に声をかけて挨拶してよい。ただし、来客や上司の前では正しい挨拶をする。

社外

お客様　こちらから声をかけ、おじぎと挨拶をする。手が離せないときは目を合わせ、黙礼する。

取引先　明るい声で挨拶とおじぎをする。面識のない人であっても声をかける。

他社の重役　立ち止まって挨拶し、おじぎをする。相手が通り過ぎるまで頭を下げて待つ。

NG

会釈だけ
挨拶されたのに頭を下げるだけでは印象が悪い。声をかけて挨拶を返す。

気づかないふり
不信感を与える。本当に気づいてないなら、気づいた時点で挨拶を。

あれ…
スーーッ

Part 3　人間関係のマナー

② 挨拶の使い分け

適切な挨拶を
臨機応変に使える

挨拶は仕事中のいたる場面で必要です。たとえば、離席するときに誰にも行き先を言わなかったとします。周囲の人はあなたがすぐ戻るのか、長時間戻らないのかわからず、迷惑します。少しの間でも「５分ほど席を外します」とひと言声をかけましょう。

また、仕事を引き受けるときは「かしこまりました」、お願いするときは「よろしくお願いします」と挨拶します。「お疲れ様です」という挨拶は、主に廊下ですれ違った人、外出から戻ってきた人、退社する人へ向けての言葉です。最近はこの言葉をどんなシーンでも構わずに使っている人がいますが、時間や状況によって使い分けなければかえって失礼にあたります。

挨拶ができない状況

業務中や電話中などで
手が離せず、挨拶しそびれた

相手が挨拶をしてくれたのに、電話中や業務中で手が離せないときがあります。そんなときは、立ち上がって、または中腰になってアイコンタクトと会釈をすれば十分です。用事が終わってから「すみません、先程は電話をしておりました」とひと言謝ればよいでしょう。

１日の挨拶スケジュール

9:00
出社時
「おはようございます」

10:00
業務中
「かしこまりました」

11:00

12:00
ランチタイム
「食事へ行って参ります」

13:00

14:00
打ち合わせ
「A社へ行って参ります」

15:00

16:00
帰社時
「只今、戻りました」

17:00
退社時
「お先に失礼いたします」

18:00

朝の挨拶

10時30分頃までは元気よくこの言葉をかける。

業務中の挨拶

仕事を引き受けるときには気持ちよく。それを挨拶で表す。

食事に行く時の挨拶

1時間ほど席を離れることになるので、きちんと伝える。

外出するときの挨拶

行き先と戻りの予定時刻を伝えてから出る。戻ったときにもひと言声をかける。

退社の挨拶

残業する人もいるということを忘れずに。謙虚に声をかけておじぎをする。

ほかの人が退社するときには **「お疲れ様でした」**

疲れた顔をせず、明るく見送る。「ご苦労様でした」は年上の人が目下の人に使う言葉なので間違わないように気をつける。

③ おじぎの使い分け

頭を下げる深さに
相手へ伝えたい気持ちを込める

かつてニュースで、ある大企業の社長が謝罪をする際、おじぎの角度が浅いために反省の色が見えないとバッシングを受けたことがありました。

おじぎは頭を下げる深さによって意味が違います。基本的に3段階に分かれ、頭を浅く下げる「会釈」は社内の人への日頃の挨拶に、少し深めの「敬礼」はお客様や初対面の人に、深々と丁寧な「最敬礼」はお礼や謝罪をするときに使います。

おじぎをするときには、四拍で行うと品よく決まります。頭を下げて「1」、そのまま止めて「2」、頭を15度の位置まで上げながら「3」、そこから元に戻して「4」と心の中で数えてください。

「3」で頭を上げるのを途中で止めるのは、相手より先に頭を上げないためです。相手の様子を少し見て戻ります。

おじぎをするときに姿勢が悪かったり、にわとりのように首だけをカクカクと動かしたりするのは、人をばかにしてるような印象を与えます。また、必要のない場面でおじぎを多用すると誠意が伝わらず、呆れられることもあるので、タイミングよく使えるようになりましょう。

NG!

謝罪のとき
こんなおじぎはダメ

01
何度もぺこぺこ

02
目を合わせない

03
頭を浅く下げる

おじぎの種類

会釈

１日に何度も会う上司や先輩へ。また、仕事の指示を受けるときなどに。

敬礼

他社の人と初対面で会うとき、直接関係のないお客様へ使う。

最敬礼

主に依頼をする、謝罪をする、感謝の気持ちを伝えるときに使う。

●立っておじぎをする場合

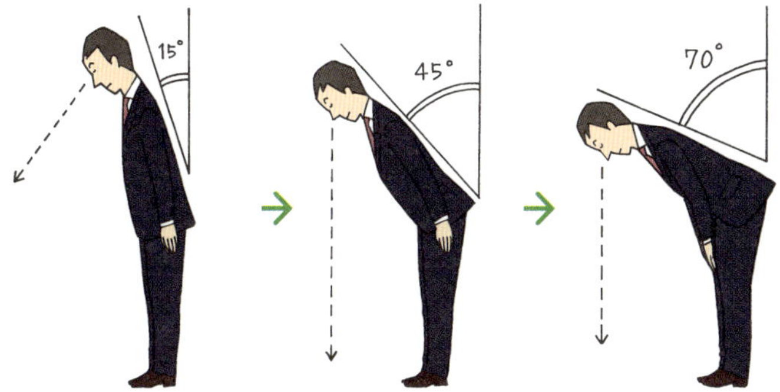

目線は少し先を見て、上体を１５度くらい前へ曲げる。手は真横に置く。

猫背にならないように、上体を４５度曲げる。目線は自分の真下を見る。

上体は７０度曲げ、目線は真下を見る。指先はひざの頭におく。

浅　⟷　深

●座っておじぎをする場合

入室、座布団に座る前に。畳に指先をつけ、上体を15度曲げる。

挨拶をするときに。畳に親指、中指、小指をつけ、上体を45度曲げる。

謝罪などに。腰から上体を倒し、７０度曲げる。両手は額の真下にくる。

④ 休暇の取り方

計画的に有給休暇を使い 周囲に迷惑をかけない

年次有給休暇とは、健康維持を目的に労働基準法で定められた休暇です。

6か月以上継続して勤務し、決められた労働日の8割以上勤務すると与えられます。初年度は10日、1年ごとに1日ずつ、3年6か月以上は2日ずつ増えます。（上限は20日間）

年次有給休暇以外に、短期休暇には慶弔休暇、リフレッシュ休暇、夏季休暇、年末年始休暇などが、長期休暇には育児休暇、介護休暇などがあります。

また、会社の就業規則に特別休暇が定められていることもあるので、確認しましょう。ただし、繁忙期などに休みを取ると迷惑なので、タイミングを考えて届け出ます。

時間単位年休制度について

細かく分けて休めるから 休暇が今までより取りやすい

今までは日単位の取得だった年次有給休暇が、平成22年4月に改正され、時間単位で取得することが可能になりました。休暇内の5日分に限り、1日を8時間に分割して休めます。そのため、許可を得れば午前中の3時間だけ休暇にあてるという使い方もできます。

有給休暇を取るまでの流れ

① スケジュール確認

・業務が忙しい時期ではないか

・休みたい日に、ほかの人が休む予定ではないか

休暇を取るタイミングを確認

仕事に支障をきたさないということが大原則。繁忙期はイレギュラーの仕事を頼まれる可能性があるので必ず確認しておく。

② 休暇届の提出

・休暇届を記入するべきなのかを確認

・上司に承認を得る

休暇を取るために許可を得る

病欠などはしかたないが、基本的に休暇届は前もって提出する。休暇届を書く前に、上司に理由を伝え、口頭で連絡する。

③ 引継ぎ

・自分の業務をほかの人に依頼

・自分宛に連絡がきたときの対応を伝える

・何かあったときのために連絡先を伝える

業務がスムーズに進むよう引継ぐ

自分が休んでいる間に業務が滞らないようにする。業務の進行状況や連絡待ち事項などを伝え、前日に引継ぎをする。

有給休暇

休み明けの対応もしっかりと

気持ちの切りかえをし、けじめをつけること。遅刻は厳禁。引継ぎをお願いした人や周囲の人へお礼を忘れずに。

Part 3 人間関係のマナー

⑤ 社内でのトラブル

トラブルは未然に防ぎ なるべく巻き込まれないように

1日のほとんどを過ごすオフィスでトラブルはつきものです。仕事が多くて抱えきれない、ミスをしたなどの業務トラブルは、抱え込まずに先輩や上司に相談するのが一番の解決策でしょう。

一方で、人間関係のトラブルは厄介なものです。たとえば、苦手な上司について先輩に相談したら、本人に伝わって気まずい雰囲気になってしまう……。そんなことが起こって一度亀裂の入った人間関係は、なかなか修復できません。苦手な人にあからさまな態度をとったり、相手が傷つくような悪い噂話を広げたりしないようにしましょう。

また、興味本意で他人のトラブルに首をつっ込んでもいけません。

ミスをしたら反省し、同じミスを繰り返さない

うっかりミスや自分勝手に判断したことが原因で起こったトラブルはきちんと反省しましょう。失敗した経験を次の仕事に生かすことができれば、自分の成長と自信につながります。

社内で起こりやすいトラブル

業務トラブル

トラブル1

連絡ミス・聞き間違い

言った、聞いていないと押し問答を繰り返していては仕事が先に進まない。自分に非があるなら素直に謝る。

対処法 報告や連絡をするときには復唱して確認をする。

トラブル2

機器の故障

コピー機やパソコンなど機器のトラブルは、むやみやたらに自分で対処すると悪化の恐れあり。

対処法 上司や先輩に聞くか、業者の人を呼んで修理してもらう。

人間関係トラブル

トラブル1

いじめ

真に受けないのが一番。ただし、精神的に大きな苦痛が及ぶまでエスカレートしたら抱え込まずに相談を。

対処法 上司に相談をする。注意や異動など配慮してもらえるかも。

トラブル2

社内恋愛・不倫

公私混同はダメ。社内恋愛をしても周囲に気を使わせないようにする。自分が不倫をするのは論外だ。

対処法 他人の恋愛や不倫に首をつっこんだり、噂を広めたりしない。

Part 3　人間関係のマナー

⑥ 社外でのトラブル

会社のイメージを守るため
社外の人との付き合いは慎重に

　ある日突然、他社から契約を切られたり、取引先の担当者やお客様などからクレームがきたりすることがあるかもしれませんが、そのようなことが起こっても、あわててはいけません。冷静を心がけ、基本的には謝罪をする→原因究明→相談→対処の４段階で対応します。

　「そんなことはありません」というような相手に対して反論するような発言は禁物です。相手の話は最後までしっかりと聞き、解決の糸口を探ります。

　また、トラブル時に上司へ報告するのは不可欠ですが、状況をしっかりと理解してからでないと、事態がよけい悪化する危険があるので注意しましょう。

小さなトラブルが大きな問題に発展することも

身だしなみ、言動、メールの文章内容など、自分の行いが相手を不快にさせ、社外トラブルに発展するケースもあります。「自分の態度」＝「会社の態度」と見られている意識を持ちましょう。

社外で起こりやすいトラブル

トラブル1 取引先から契約を切られた

自分がとるべき対応

・原因究明
・上司へ報告と相談
・再度、取引先へ連絡

これで解決 上司へ報告や相談をするときは、自己保身せずありのままを話す。上司が対応し、再度謝罪すると改善する場合もある。勝手な判断で進めてはダメ。

トラブル2 クレームがきた

自分がとるべき対応

・相手の言い分を聞く
・謝罪の言葉
・原因を明らかにして上司へ報告

これで解決 謝罪するときには「このようなことは今後ないようにいたします」と、改善する態度を伝える。商品へのクレームの場合は、購入日や原因を聞いておく。

トラブル3 しつこく誘われる

自分がとるべき対応

・クッション言葉をつけて丁寧に断る
・上司に相談

これで解決 すぐに上司へ相談を。誘いに応じても応じなくてもトラブルになる危険性がある。断るときは「せっかくのお誘いですが……」とクッション言葉をつける。

⑦ セクハラ・パワハラの範囲

意外と気づきにくい ハラスメントには要注意

職場で問題になっているハラスメント（嫌がらせ）には、権力を利用して性的関係を迫るセクシャル・ハラスメント（略してセクハラ）、上司が部下に対して圧力をかけるパワー・ハラスメント（略してパワハラ）、飲酒を強要するアルコール・ハラスメント（略してアルハラ）があります。

職場で上司に従うのは前提ですが、不愉快な発言や行為で精神的に耐えられない状況になるようなら毅然とした態度をとりましょう。とくにセクハラには対価型と環境型の2種があり、気づきにくいことがあるので注意してください。

ただし、少し肩に触れられた程度でセクハラだと決めつけてはいけません。多少は受け流す器量を持ちましょう。

ハラスメントを受けたときの対処法

事例はさまざまなので 客観的な判断を仰ぐ

明らかにハラスメントを受けていると感じたら、抱え込まずに上司、社内の専門相談員、公共の電話相談窓口などへ相談しましょう。とくにパワハラは叱咤激励との区別が難しいものですが、「お前のような人間はクズだ」などの発言や暴力、えこひいきなどがこれにあたります。

対価型セクハラ

上司という立場を利用し、条件と引き換えに肉体関係を迫るような行為。拒むと、減給などの不利益を与える。

環境型セクハラ

体を触る、性的な発言などによって、働きにくい環境に追い込む行為。視覚型、発言型、接触型に分けられる。

事例別　危険度Check

高

対価型

昇給や有利になることをほのめかし、肉体関係を迫る

誘いを断った相手の勤務評価を下げる

交際を迫られ断ったらボーナスを下げられる

食事を断ったら職場での態度が厳しくなる

環境型

嫌がっているのに体に触れる

性的な体験を話させたり聞かせたりする

スリーサイズをたずねたり噂にする

女性の生理日をたずねる

「ちょっと来て」と言ってわいせつな画像を見せようとする

対価型にはこんな例も

- 仕事の話があるといって食事やホテルに誘う
- 「逆らったら将来はない」と脅し、無理なことを頼む
- 断った相手に仕事を教えない

環境型にはこんな例も

- 宴会で特定の人の隣に座るように強制する
- カラオケ嫌いの人に歌うように命令する
- 飲み会で酔っ払い、裸になる

⑧ オフィスでの人間関係

人と接するときには自分の立場をわきまえる

職場は上司、先輩、同期、ほかの部署の人、派遣社員など、さまざまな人で構成されています。仕事を円滑に進めるためには、どんな立場の人ともよい人間関係を築くことが大切です。次の3つのことを意識して接し方に注意しましょう。

①人によって態度を変えない

好きな人、嫌いな人と区別して、あからさまな態度をとってはいけません。職場ではどんな人にも平等に気配りをしましょう。上司の間で派閥があったとしても首をつっ込んだり噂をしたりせず、あえて関わらないのが得策です。

②目上の人には敬意を払う

新入社員の立場は社内で一番下です。上司や先輩は仕事や人生において経験豊富な存在なので、日頃から素直に指示を聞き、感謝の気持ちを表して接しましょう。陰で悪口を言ったり、はむかったりはタブーです。

③異性社員とも仲良くする

ビジネスの場では性別を意識せずに認め合うことが大事です。意識しすぎずに協力し合いましょう。ただし、重いものを運ぶような力仕事は男性が進んで行うなど配慮も必要です。

Check!

異性社員との付き合い方

01
意識しすぎない

02
疑われる言動をしない

03
同性で結束しない

自分を取り巻く社内の人間関係

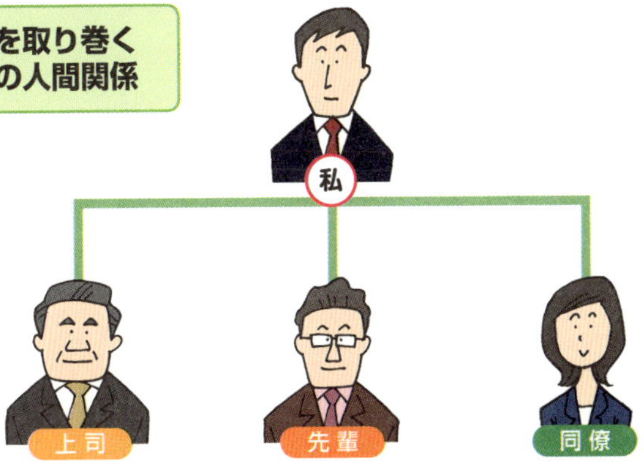

	上司	先輩	同僚
呼び方	○○さん（または○○部長など役職名）	○○さん	○○さん（親しくてもあだ名は控える）
理想親密度	親密になりすぎて無礼な態度をとってはダメ。立場をわきまえ、ほどよい距離を保つ。	直接仕事を教えてくれることが多いのでよく見習うこと。味方につけたい存在だ。	よき仲間であり、よきライバルでもある存在だ。日頃から仲良くし、協力する。
接し方	敬意を払って接する。話すときは敬語を使い、仕事に関する指示には素直に従う。	敬意を払う。仕事が立てこんでいるときや雑用をしているときには積極的に手伝う。	プライベートでも仲良くしてもOK。相談する場合は相手を巻き込まないようにする。
NG	悪評に惑わされて悪口を言ったり、叱責に対して反抗的な態度をとったりするのはダメ。	親密になりすぎると、ふとした言葉づかいや接し方が雑になりがち。十分に気をつけて。	お金の貸し借り、社内の人の悪口、相手が困るような相談ごとをするとイメージダウン。

相談はこの人に

	上司	先輩	同僚
・初めて取り組む仕事なのでやり方がわからない	☑	☑	☐
・社内イベントの幹事に。昨年はどうしていたのだろう？	☐	☑	☐
・上司の○○さんと○○さんは仲が悪いのだろうか？	☐	☐	☑
・取引先のAさんの担当になった。どんな人なのだろう？	☐	☑	☐
・取り引き先へ送る書類の書き方がわからない	☑	☐	☐
・仕事でのミス発生。どうすればよいか？	☑	☑	☐

⑨ 付き合いの範ちゅう

人間関係が深まるチャンス 誘いには積極的に参加する

　職場に慣れてくると、アフター5や休日に誘われることが増えます。お付き合いは面倒だと気が進まない人もいるかもしれませんが、実はビジネスチャンスです。積極的に参加したほうが何かとよい影響があります。

　誘いに応じて社内の人と親しくなると、部内の結束がかたまり、協調性が生まれます。人間関係が深まることで、仕事で困ったときに助けてくれたり、相談や頼みごとがしやすくなったりといったメリットがあります。

　ただし、誘いに応じても打ち解けず、礼儀がなっていなければかえって信頼を失うことになりかねません。仕事でない場であっても、礼儀には十分気をつけましょう。

Q どうしても誘いを断りたいときはどうするべき？

A 誘ってくれたことに感謝し、丁寧に断る

「お誘いは嬉しいですが、○○の予定があります。また誘ってください」と、行けない理由と次回参加したい旨を伝えます。人は3回以上断られると誘いたくなくなるものです。本当に外せない用事以外はなるべく参加を。

上手なお付き合いのSTEP

社内の人からの誘いには回数を重ねて参加し、信頼を得られるような付き合い方をすると好感度がアップする。

STEP 1
歓迎会や親睦会に参加

大勢集まる場には必ず参加

送別会、忘年会、新年会などは全員参加するのが望ましい。

気をつけて！
飲み過ぎて酔いつぶれたり、特定の人とだけ話したりしてはダメ。

STEP 2
休日の社内レクリエーションに参加

より協調性が生まれる場

運動会やバーベキューなど、ラフな格好の参加はより親しみがわく。

気をつけて！
時間や行動がルーズだと協調性のない人だと烙印を押される。

STEP 3
先輩や上司数人での飲み会に参加

仕事のこと、会社のことを知る

同期同士、または上司や先輩と一緒の飲み会は情報交換の場と心得る。

気をつけて！
悪口や噂話をうっかり言わないように、言動は慎むこと。

STEP 4
上司から個人的に誘われて参加

ビジネスチャンスの場

個人的な誘いは好感を得られている証拠。上司の話はしっかり聞いて。

気をつけて！
他人の中傷は禁止。お酌などの気配りをし、礼儀をわきまえる。

こんなお付き合いはどうする？

お見合い
興味がない場合は丁寧に断るほうがよい。安易に引き受けて、うまくいかないと気まずくなるのでよく考えること。

バレンタイン＆ホワイトデー
全員で割り勘にするのか、個人的にするのかを先輩に聞いて、例年の通りに従うとよい。

⑩ 社内行事での対応

社員旅行、忘年会、新年会など
社内イベントでは協調性を大切に

　休日やアフター5を利用して行われる社内行事には、社員旅行、忘年会、新年会などがあります。

　プライベートで付き合うと、上司や先輩の新しい一面が見え、仕事もしやすくなります。強制ではないですが、ほとんどの社員が集まる場ならば基本的に参加しましょう。

　集団行動するときには協調性が欠かせません。時間にルーズだったり、突然キャンセルしたりなど自分勝手な行動をとるとスケジュールが狂い、周囲に迷惑がかかります。

　また、新入社員はお客様顔でいてはいけません。幹事の先輩にひと言声をかけ、荷物を運んだり、必要な備品を買いそろえたりなど積極的に準備を手伝いましょう。

態度が悪いと参加する意味がない

社内行事は直接仕事に関係ないからといって、嫌々参加しているような態度では場がしらけます。会話を盛り上げたり、積極的に話しかけたりして、早く打ち解けられるようにしましょう。

主な社内行事

歓迎会・送別会

歓迎会は部署に新しく来た人を歓迎する会。送別会は異動や退職で部署を去る人へのねぎらいの会。主役を立てること。

社員旅行

会社全員で行くケース、または部署ごとに分かれて行くケースがある。スケジュールどおりに進むように時間を守る。

お花見

場所取りや食事・お酒の準備などは進んで手伝う。屋外行事なので、周囲の人へ迷惑がかからないようにする。

忘年会・新年会

年末の忘年会と年始の新年会は基本的に酒席が多い。ハメを外しすぎないようにし、お酌や料理のオーダーに気を配る。

自分が幹事になったら

参加メンバーに合ったプランで成功させる

幹事を引き受けた以上は責任を持って取り組みます。幹事の任務は日程や予算の決定だけでなく、参加者への連絡など細かなことも必要です。適当に済ませるのではなく、慰安旅行なら体が休まる温泉、親睦会なら季節に合った料理にするなど、趣旨にあった内容が喜ばれるでしょう。

幹事の任務

1. 日程と内容を決定
2. 予算を確認
3. 参加者へ連絡
4. 行事中の監視

Part 3　人間関係のマナー

⑪ 社内宴会でのルール

ハメを外さずに
ルールを守って楽しむ

　歓送迎会や忘年会などの社内イベントには宴会がつきものです。お酒を楽しむ場ではありますが、友人と飲むときのような気兼ねなく騒げる宴会とは別物です。立場をわきまえて参加しなければなりません。

　お酒を勧められたら断らないのが基本ですが、飲みすぎないようにセーブするのもマナーのひとつです。自分の限界を知っておき、少し酔ってきたなと感じたら早めにソフトドリンクへ切りかえます。

　無理して飲むと酔いつぶれたり、翌朝遅刻をしたりといった失態をしかねません。節度を守って楽しみ、お酌をしたり場を盛り上げたりなどの気配りを怠らないようにしましょう。

「無礼講」の意味

意味をはき違えて
失礼な態度をとらないこと

無礼講とは上下関係を無くして催す宴会のことですが、ビジネスの宴会で無礼講はありえません。上司が「今日は無礼講だ」と言っても、それは「腹を割って楽しく話そう」という意味です。楽しい話題で盛り上がるのはよいですが、くれぐれも失礼のないようにしましょう。

社内宴会での心配り

お酌をする

タイミングを見て積極的に

勝手に注がれるのを嫌う人もいるので、グラスが空になったら「いかがですか」と聞いてつぐ。

孤独を避ける

会話を盛り上げる努力を

個々に話が弾み、上司が一人だけで飲んでいるような状態はダメ。積極的に話しかける。

料理や酒の注文

状況を見て追加する

空になった皿はテーブルの端へ下げる。料理やお酒が少なくなったら、追加するか上司にたずねる。

席次を守る

酔ってくると間違えやすい

グラスを持って移動しても、上座には座らない。空いている席に座り、人が戻ってきたら外す。

介抱する

酔いつぶれる前に気づかいを

酔っているようなら水を渡してセーブさせる。介抱やタクシーの手配は人任せにしない。

飲めない場合

乾杯では口をつける

上司や先輩からお酌をしてもらったら、口をつける程度にして、お茶や水に切りかえる。

Part 4　接客のマナー

① 名刺の交換

名刺は大切なビジネスツール
スマートな受け渡しを

初対面の相手とは、自己紹介を兼ねて名刺交換をするのがビジネスの常識です。名刺交換が正しくできないと、第一印象から頼りないイメージを持たれかねません。

それゆえに、名刺を忘れると仕事に対してやる気がないような印象になりがちです。また、相手に渡す名刺が汚れたり曲がったりしていると、受け取った相手は気分を害します。毎回、事前に確認するクセをつけましょう。

名刺を渡すときには、自分の会社名、部署名、名前をはっきりと伝え、「よろしくお願いします」と挨拶します。この挨拶からビジネスは始まっています。気に入られるよう、相手と目を合せながら、明るく笑顔で挨拶をしましょう。

名刺交換の基本姿勢

① 汚れのないきれいな名刺
角が折れたり、汚れたりしている名刺は渡してはいけない。

② 両手で渡す
片手で渡すのは失礼なので、必ず両手で差し出すこと。

③ 正面を相手に向ける
相手から名前が見やすいように、名刺を逆さに持って渡す。

名刺交換の流れ

STEP 1 名刺を差し出す

● 起立する

手渡ししやすい距離に立つ。間に机があるなら、相手の前まで行く。

NG 名刺を出すのにもたもたする

男性はスーツの内ポケット、女性はバッグの取り出しやすい位置に名刺入れを用意し、さっと出す。

● 両手で差し出す

胸の位置で名刺を渡し、会社名、部署名、名前を明確に伝える。

STEP 2 名刺を受け取る

● 両手で受ける

胸の位置で相手の名刺を受け取る。このときアイコンタクトをする。

● 名前を確認する

名前を確認し、「頂戴します」と言う。読み方がわからなければたずねる。

同時交換の場合

両手で名刺を持ち、相手の取り出しやすい位置に差し出す。利き手で名刺を渡し、もう片方の手で相手の名刺を受け取る。受け渡しをするときは、名刺入れをお盆がわりにし、その上に名刺を重ねるとより丁寧に見える。

STEP 3 名刺交換後

● 机の上に置く

商談中は相手の名刺を机の上に出しておく。なるべく机に直置きするのではなく、名刺入れに重ねると品よく見える。相手が複数の場合は座席順に並べる。

② 名刺の管理

誰から受け取った名刺なのか すぐにわかるように管理する

名刺は初対面のときにしかもらえないので、絶対になくしてはいけません。また、人に会う度にどんどん増えるため、管理が必要です。

まず、名刺をもらったらその日のうちに、相手の特徴や話した内容などの情報を名刺に書き込みます。プラスの情報を記載しておくと、名刺交換したときの記憶を呼び起こすことができ、誰の名刺なのか忘れる心配がありません。

また、受け取った名刺は分類して保管することで、探す手間が省けます。会社別、業種別、または50音順に仕分けをする、よく連絡する人の名刺だけは別の場所にしておくなど、自分なりのルールを作って保管しておくとよいでしょう。

名刺に書き込む情報をCheck!

名刺の裏や余白に、相手の情報をなるべく詳しく書くと、次回会ってお土産を渡すときや、久々に電話するときなどに役立つ。

- □ 日付
- □ 場所
- □ 用件
- □ 紹介者
- □ 相手の特徴
  - ・出身地
  - ・食べ物の好き嫌い
  - ・趣味 など

名刺の管理方法

ケースで管理する

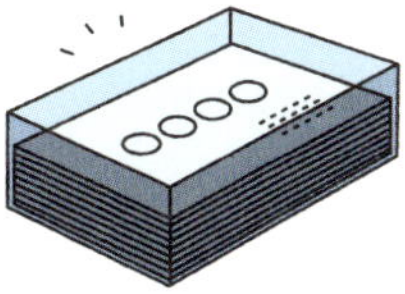

特徴　名刺ケースに重ねて入れる。名刺が少ないうちの一時保管場所としてなら有効だ。

メリット	デメリット
まとめておくと、デスクで場所をとらない。汚れや紛失の心配も少ない。	多くなってくると入りきらない。また、すぐに取り出したいとき探す手間がかかる。

ファイルで保管する

特徴　クリアポケットファイルや名刺ホルダーに入れて保管する。数十枚～数百枚の名刺に対応できる。

メリット	デメリット
会社別、職業別50音順などに仕分けできる。裏面に書いたメモも見やすい。	多くなると保管するのに場所をとる。古い名刺と新しい名刺が混ざることも。

データ化して保管する

特徴　データベースや表計算ソフトを利用してパソコンに保存する。大量の名刺にも対応できて便利。

メリット	デメリット
名刺を探す手間が省け、必要なデータを一発で検索することができる。	内容をデータ化するための入力に手間がかかる。持ち歩くことができない。

NG

相手の前で情報を書き込む

せっかく渡した名刺に目の前で書き込まれるとよい気分はしない。別れた後に記入すること。

もらった名刺を汚したりなくしたり

肩書きや連絡先がわからなくなると、もう一度聞かないといけなくなり、相手へ迷惑をかける。

次回会う前に情報を見直さない

会ったことがある人なのかわからない、前回話した内容を忘れたなどは、気まずい雰囲気になる。

名刺交換のQ&A

どんな場面でもあわてずスマートに交換する

名刺交換のときにマナーどおり事が運ばなくても、あわててはいけません。乗り切る術は、ひと言断ることです。その場をしっかりと対処すれば、相手に理解してもらえて失礼にならずにすみます。

交換前の悩み

Q1 名刺が刷り上がっていないときはどうする？

A 「名刺ができ次第、お送りします」

入社早々で名刺が間に合わない場合は、後から名刺を郵送する旨を伝える。自分の名前をはっきりと告げ、相手の名刺を丁寧に受け取る。名刺は手紙を添えて送ると誠意が伝わる。

Q2 名刺を忘れたり切らしたりした場合はどうする？

A 「申し訳ございません 名刺を切らしておりまして……」

忘れた場合でも、「忘れた」とは言わず「切らした」と言って謝り、次回訪問する際に渡す。しばらく会わないなら手紙を添えて郵送する。

交換時の悩み

Q1 渡すタイミングがつかめないときはどうする？

A 「申し遅れました」

名刺交換の前に相手が話を始めてもさえぎってはダメ。話がひと段落してから挨拶を切り出す。

Q2 テーブル越しに渡すしかないときはどうする？

A 「テーブル越しに失礼します」

場所が狭いのに無理に移動しようとするとかえって迷惑になる。ひと言断ってから交換すればよい。

Q3 相手が名刺を忘れた場合はどうする？

A 「次回お目にかかった折に頂戴いたします」

怪訝な顔をせず、相手の名前と連絡先を直接聞いてメモを取る。相手に恥をかかせないこと。

役立つ名刺入れの選び方

開いたときに名刺を横入れできるタイプの名刺入れが便利だ。複数の人と名刺交換をするときに、交換した順にポケットへ挟むことができる。また、受け取ったまま落としたり、誰の名刺かわからなくなったりするのを防ぐこともできる。

Q4 同時に複数の人と交換するときには？

A もたもたしないようスムーズに行う

上司に同行したときや相手が複数いるときには、まず、上司と相手の役職の高い人が名刺を交換し、自分も交換する。その後、上司がほかの人と交換をしたら、それに続いて順番に交換していく。

交換する順番

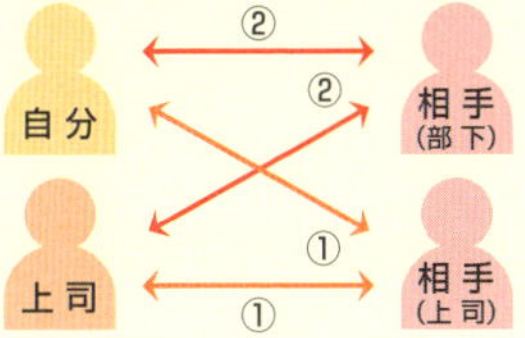

交換した名刺は座席順に並べる

↓

交換後の悩み

Q1 受け取った名刺をしまうときは何か言うべき？

A 「頂戴します」と言ってしまう

名前を覚えるまで名刺はしばらく机の上に出しておく。資料を広げるのに邪魔なとき、または帰り際にひと言断って名刺入れに入れる。

Q2 部署が変わるのでいらなくなった名刺は捨てる？

A 捨てずにほかの人に譲る

自分が築いた人脈なので一緒に持って行くか、後輩や同じ部署の人に渡して活用してもらう。肩書は変わるので注意する。

Part 4　接客のマナー

③ 人物紹介のルール

責任をもって引き合わせ その場を仕切る

仕事では面識のない人同士を引き合わせる機会が結構あります。人を紹介するときの基本は「身近・目下の人間が先」です。たとえば、直属の上司と他社の人なら、自分にとって身近な上司が先です。また、取引先同士ならより親密なほうを先に紹介します。同じ程度の関係なら肩書や年齢が下の人が先です。

引き合わせたとたんに紹介を始めると驚かれるので、紹介する数日前に両者へ連絡しておきましょう。紹介したい人がいること、その理由、相手はどんな人物なのかを事前に伝えておくと、お互いに余裕を持つことができ、紹介がスムーズに進みます。

また、初対面の人同士はコミュニケーションがとりにくいものです。紹介者は中座せず、二人の会話が盛り上がるような話題を出してその場を仕切りましょう。

誰かを紹介してほしいと依頼された場合、相手の負担になることがあるので、安請け合いしてはいけません。その場で判断せず、一度上司へ相談しましょう。紹介できない場合には「先方の事情が悪いようなので」とやんわり断ってください。

NG!

紹介するときのタブー

01
突然紹介を始める

02
紹介者が中座する

03
暴露話をする

実践！　紹介のパターン

紹介する順番

先		後	
社内の人	→	社外の人	パターンA
役職が下	→	役職が上	パターンB
紹介を頼んだ人	→	紹介される人	パターンC
身内・家族	→	他人	パターンD

パターンA

上司や同僚を取引先の人に紹介する

①「山田様、
私の直属の上司、部長の
高田でございます」

②「こちら様は、
いつもお世話に
なっているA社の
山田様でいらっ
しゃいます」

パターンB

下請け会社の人を他社の社長に紹介する

①「社長、こちらは
B社の営業担当を
されている
田中さんです」

②「田中さん、
紹介いたします。
C社の社長の
藤田様です」

パターンC

A社の山田さんに頼まれ、B社の田中さんを紹介する

①「田中様、
こちらはA社の山田様です」

②「山田様、
こちらがB社の田中様です」

パターンD

休日、両親といるところに上司と遭遇。両親を上司に紹介する

①「高田部長、
私の両親でございます」

②「こちらは、私がいつも
お世話になっている
直属の上司の高田様です」

④ スマートな接客

感じのよい対応は会社のイメージアップにつながる

会社には毎日のように来客があります。たとえ自分が受付係でなくても、来客に気づいたらすぐに声をかけて対応しましょう。

来客対応の基本は、挨拶→取次ぐというスタイルです。まず、来客が入ってきたら、「いらっしゃいませ」または「どちらをお訪ねですか」と明るく声をかけます。

次に、名前と用件をたずねて担当者へ取り次ぎます。

アポイントがない来客であっても、むげに扱ったり、気づかないふりをしたりするのは失礼ですので、丁寧に対応しましょう。対応はもたもたせず、素早くできなければなりません。慣れるまでは、さまざまなケースを想定して対応の流れを練習しましょう。

担当者に取り次ぐ

来客の素性と目的を担当者へ正確に伝える

来客があったら必ず社名、部署名、氏名、用件などを聞き、復唱して確認しましょう。担当者へ連絡するときには確認した情報を明確に伝えて判断を仰ぎます。アポイントがなくても重要な客の場合があるので、自分勝手な判断で失礼な態度をとってはいけません。

来客者情報Check

- □社　名
- □氏　名
- □人　数
- □用　件

接客の基本の流れ

来客が訪れる

「いらっしゃいませ」と声をかけ、会社名や氏名、用件、担当者名を聞く。

担当者へ取り次ぐ

アポありの場合

担当者へ「○時にお約束のA社の××様が受付にいらっしゃいました」と連絡する。

アポなしの場合

担当者へ「A社の××様が～の用件でお会いになりたいといらしてます」と連絡する。

担当者の判断を仰ぐ

来客を待たせる間、どのように対応しておくべきかを聞く。担当者が外出中の場合は、その旨を来客へ伝える。

「応接室に通してください」

① **「応接室にご案内いたします」**と言って案内する

② **「担当者がすぐ参りますので、しばらくお待ちください」**

③ お茶を出す

「すぐに行きます」

① **「担当者がすぐ参りますので、しばらくお待ちください」**

② 担当者が来て来客を応接室へ案内する

③ お茶やお菓子を準備し、応接室へ運ぶ

「断ってください」

① 担当者にどのように断ればよいかを確認する

② **「申し訳ございません、改めてお約束の上お訪ねくださいませんでしょうか」**と丁寧に断る

断るときの注意

失礼な態度をとると会社のイメージダウンにつながることに。丁寧な言葉づかいで断ること。

取り次ぎでのQ&A

Q1 受付がない場合はどうすればよいか？

A 気づいた人が対応する

来客があったら、気づいた人がすぐに対応する。こちらから積極的に声をかけると相手も安心して取り次ぎを頼める。

いらっしゃいませ

Q2 「書類だけ渡してほしい」と頼まれたときは？

A 書類を預かり、名刺をもらう

担当者に事前に伝えてあるか、呼び出すまでもない用事だということが多い。確認のために名刺を一緒に預かる。来客の訪問時間と用件をメモしておくとよい。

Q3 来客が何人も重なったときはどうすればよいか？

A 先着順に対応する

重要な来客だったとしても順番を守り、平等に対応する。長く待たせたら、「お待たせして申し訳ございません」とひと言謝ってから対応を始める。

申し訳ございません

Q4 飛び込みセールスが来たときの対応は？

A 担当者に連絡して断る

むげに扱わないこと。担当者に事情を話し、判断を仰ぐ。断るよう頼まれたら、「会議中のようです」など適当な理由で断る。

会議中のようです

NG!

接客するときのタブー

01
勝手に判断する

02
座ったまま対応する

03
重要な客を優先する

Q5 担当者が会議中のため長く待たせるときは？

A 担当者の状況を伝えて応接室へ案内する

担当者へ取り次ぎ、会議後に対応するようなら、会議の終了予定時間を聞く。来客に「会議中のため、○分ほどお待ちいただけますか」とたずねる。待つ場合は応接室へ案内する。次の予定があって待てない場合は伝言を聞き、見送る。

10分ほど
お待ちいただけ
ますか？

BESTな対応
担当者へ連絡する
来客へ伝える
待 つ
帰 る
預かるべき伝言や書類がないかを確認してから見送る
応接室へ案内
お茶を出す
再度担当者へ確認し、来客へ到着時間を伝える
担当者対応
帰る

Q6 アポがあるのに担当者が不在のときには？

A 担当者へ至急連絡し、臨機応変に対応を

同じ部署の人に連絡をとってもらうか、個人の携帯電話番号を聞いて担当者へ連絡する。来客が到着したことを伝え、どのくらい遅れるのかをたずねて判断を仰ぐ。来客には「○分ほど遅れるとのことですがいかがいたしますか」とたずねる。待たれる場合は応接室へ案内する。

5分ほど
遅れるとのことです
いかがいたしますか
？

Part 4　接客のマナー

⑤ 来客を案内する

案内する際は心配りを忘れず丁寧に

受付から応接室へ来客を案内するときは、相手の様子に気を配りながら先導します。

歩くときには、来客の斜め前に立って歩調を合わせ、ちょうど話しやすい位置をキープしながら歩くことで相手は安心してついていくことができます。

角を曲がったり、階段やエレベーターにさしかかったりしたときには、「どうぞこちらです」と言って、手のひらを上に向けながら進行方向を指し示すと丁寧です。

また、案内の途中に上司とすれ違っても道を譲りません。自分が道を譲ると、つられて来客も一緒によけることになり、失礼になるからです。このとき、上司への挨拶は会釈だけで構いません。

どうぞ
こちらです
歩調を合わせる
相手より早くても遅くても、立ち位置のバランスがくずれる。
行き先を示す
案内を始めるときや角を曲がるときには手のひらで行き先を示す。
荷物を持つ
来客が荷物をたくさん持っていたり、疲れていたりしたら進んで手伝う。

階段での案内

「階段ですので、足元にお気をつけください」と注意を促す。相手が足を踏み外したときのことを考え、立ち位置を変える。

お気をつけ
ください

案内中のポイント

① 手すり側を勧める
② 来客と並ぶか半歩後ろを歩く
③ 下りるときには斜め前を歩く

エレベーターでの案内

「失礼します」と言って先に乗るか、来客を先に乗せてから乗り、ボタンを押す。降りるときは「開ボタン」を押しながら来客を先に降ろす。

1 2 3 4 5

案内中のポイント

① 上座に導く（41ページ参照）
② 来客に背を向けない
③ 先に降りるように促す

もしもほかの人が使っていたら……

来客に「失礼しました」と謝る。近くの部屋で待たせ、急いでほかの部屋を確保する。

失礼
しました
使用中

応接室に着いたら

ノックをする
↓
ドアを開けて来客を通す
↓
上座へ導く
↓
案内終了

ドアの開き方で案内が違う！

● **内側開き**
自分が先に入室し、中からドアを支える。「どうぞ」と言って、来客を招き入れる。

● **外側開き**
ドアを開け、来客に先に入室してもらう。後から自分が入り、ドアを閉める。

「担当者が来るまでしばらくお待ちください」

⑥ 応接室でのマナー

事前に確認して
面談しやすい雰囲気にする

応接室は来客と仕事の話をするための場所です。気持ちよく話し合いができるよう、到着する前に掃除し、きれいな環境にしておきましょう。

環境が整ったら席次を把握します。席次とは上下関係を表す席順のことで、間違いは禁物です。来客は役職の高い人が座る上座へ通します。基本的には入り口から一番遠い席が上座と覚えましょう。

ただし、社内に応接室がなく、オフィスの一角を応接スペースにしている場合は、事務デスクに遠いほうが上座となります。

来客を迎える10分前までに用意周到にしておけば、少し早めに来られてもあわてずスムーズに仕事の話を始められるでしょう。

来客がある前に応接室をcheck

- □室内の換気をする
- □テーブルの上を片付ける
- □時計は狂っていないか
- □タバコのにおいがないか
- □冷暖房の調節
- □資料をそろえる

Part 1
Part 2
Part 3
Part 4
Part 5
Part 6
Part 7
Part 8
Part 9
Part 10

応接室の席次

入り口から一番遠い奥の席が上座となる。「どうぞ、こちらの席へおかけください」と言って勧める。

上座の条件

- 入り口から遠い
- 絵画などの装飾品が見やすい
- 座り心地のよいソファー

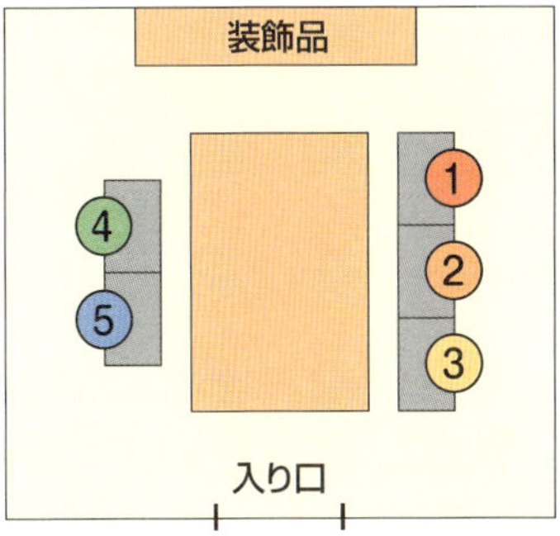

※①から順に上座

応接スペースの席次

事務デスクでは仕事をしている人がいるので、一番離れた席が上座。接客中は静かにしてもらうよう社員に頼む。

上座の条件

- 入り口から遠い
- 事務デスクから遠い

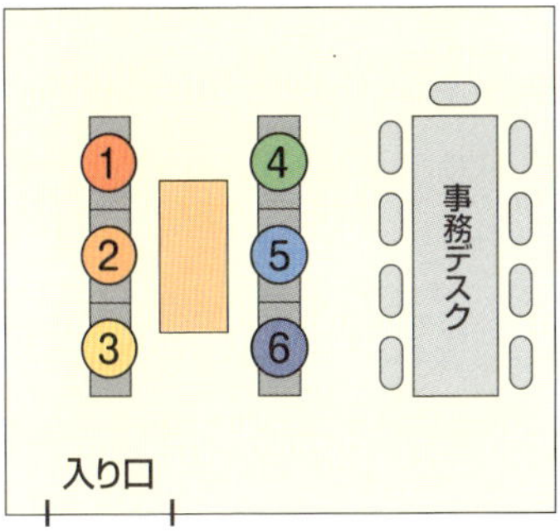

こんなときもスマートに対応

ケース1 **応接室が汚れていた**

こう対応 いったん、ほかの部屋へ通して、しばらく待ってもらう。その間にすぐ応接室を片付ける。

ケース2 **場つなぎを頼まれた**

こう対応 「担当者が来るまでしばらくお待ちください」と伝え、自社のＰＲ誌や雑誌を渡すとよい。

ケース3 **来客が遠慮して上座に座らない**

こう対応 しつこく勧めるとかえって気まずくなるので、下座へ。担当者へその旨を伝える。お茶は先に出す。

Part 4　接客のマナー

⑦ お茶・お菓子の出し方

接客中のお茶出しは
邪魔にならないようさりげなく

来客が席についたら、お茶やお菓子を出します。お茶出しは雑用だと嫌う人もいますが、おもてなしという大切な仕事のひとつです。

お茶出しの基本は「さりげなく来て、さりげなく去る」ことです。もたもたしていると不自然ですし、邪魔になります。出すタイミングは、お互いの挨拶が終わった頃です。接客時間が１時間を超えたら新しく淹れかえます。

テーブルマナーでは、右側から差し出すという決まりがありますが、ビジネスの場合は役職の高い順にその人の下座側から出します。これは、右側から出すことを守ろうとするあまり、わざわざ人の後ろに回らなければならなくなり、違和感を与える上、効率が悪くなるからです。お客様の役職の高い人から「どうぞ」と声をかけて丁寧に差し出していけばよいでしょう。お茶を出すとき、話し合いが始まっていたら、会話を中断させないよう、目礼するだけにして差し出します。

NG

器が汚れている	内側に茶渋がついている、外側が汚れている器は使わない。
カタカタ鳴らす	運ぶときにはこぼさないようにゆっくりと歩く。
書類の近くに置く	誤ってこぼして書類が濡れることがないよう、遠ざけて置く。

お茶出しの基本の流れ

① お茶とお菓子を用意してお盆にのせる

運ぶ前にココをCheck!

- □ お茶の濃さは大丈夫か
- □ 器が欠けていたり汚れたりしていないか
- □ 季節に合った飲み物か
- □ ふきんを準備しているか

② 応接室のドアをノックし、「失礼します」と言って入室

③ サイドテーブルにお盆を置き、準備する

④ 来客の役職が高い順にお菓子とお茶を出す

⑤ 静かに退室する

お茶をこぼしたら

万が一のことを考えて、お茶を運ぶときにはふきんを持っていく。こぼしたら、謝罪してすぐに拭き、お茶は淹れ直す。来客の服を汚したら上司と相談した上で、クリーニング代を支払う旨を伝える。

お茶とコーヒーの淹れ方

煎　茶

煎茶の淹れ方と仕上がりの温度、香り、色、味は必ず覚えておきたい。茶葉は5人前で大きめスプーン約2杯半が目安。

1

茶碗を人数分用意し、沸騰した湯を茶碗の8分目まで注ぎ、温める。

2

湯が70℃くらいに下がったら、茶葉を入れた急須に湯を移す。

3

約1分したら茶碗に注ぐ。色の濃さが均一になるよう少量ずつ回し入れる。

●日本茶の種類と淹れ方

煎茶の適温は70℃～80℃。2煎目もおいしくいただけるので、おかわり用に利用を。その場合は沸騰した湯を急須に注ぐ。ほうじ茶、玄米茶、番茶などは高温で香りを出すので、沸騰した湯を注ぐ。

お茶の配置

来客から見て左側からお菓子、お茶、おしぼりの順に並べると、飲食しやすい。

コーヒー（ペーパードリップ式）

洋菓子を出すときにはコーヒーが好まれる。インスタントではなく、ドリップ式で入れられるように覚えておこう。

1

カップとサーバーに沸騰した湯を入れる。温まったら、湯は捨てる。

2

ドリッパーにペーパーをつける。基準量の粉を入れ、表面を平にならす。

3

中心部に「の」の字を描きながら湯を注ぎ、粉が盛り上がった状態を保つ。

4

さらに湯を注ぎ、人数分の量を抽出したら、温めたカップに注ぐ。

コーヒーの配置

カップ、ミルク、砂糖などはソーサーにのせる。カップの取っ手は右側に向ける。

接客するときのQ&A

Q1 来客からお土産を頂いたときは？

A お礼を言って受け取る

お土産は両手で受け取り、「ご丁寧にありがとうございます」とお礼を言う。担当者へ渡してほしいと預かった場合も同様に受け取り、報告する。

頂いたお土産は出してもOK

お土産がお菓子の場合は出してもよい。お茶と一緒に、「おもたせで恐縮ですが」と言って差し出す。

Q2 自分に来客があるときは、どんな準備をしておくべきか？

A スムーズにいくよう手配する

あわてて対応すると頼りない印象を与えるので用意周到に。お茶出しや案内などは、その時間に手の空いている人へ事前に依頼しておくとよい。

来客の準備 Check!

- □受付へ来客があることを連絡
- □応接室の使用許可を申請
- □応接室の掃除をする
- □打ち合わせの資料を準備
- □お茶出しを依頼

Q3 接待ができず受付に資料を預かってもらったときは？

A 手が空いたらすぐに連絡

資料と名刺を受付に預かってもらった場合は、手が空き次第、受付へ取りに行く。重要な内容なら相手へ電話し、「先程はせっかくお越しくださいましたのに、対応できず申し訳ございませんでした」と謝る。

⑧ 来客を見送る

帰りを急がせる言動はNG
最後まで気配りを忘れずに

接客のマナーとして訪問者から帰りを切り出すことは暗黙のルールです。応対する側が、話の終盤で時計を見たり、茶碗を片付け始めたりなど、「早く帰ってほしい」という合図を出すのはとても失礼です。相手が「それでは、これで失礼します」と言い出すまで待ちましょう。

たとえ、商談がうまく運ばなかった場合でも、わざわざ足を運んでくださったことに感謝し、見送りまで丁重な態度をとります。

また、見送りは必ず相手の姿が見えなくなるまでです。来客がエレベーターや車に乗ったとたんに背を向けると、不快感を与えます。最後まで気を抜かないように気をつけてください。

Q 「見送りは結構」と言われたらどうするべき？

A 応接室の前で丁寧な見送りをする

よく来訪する人は建物内に詳しいため、こちらを気づかって見送りを断ることがあります。その場合はご厚意に感謝し、「ここで失礼します。お気をつけてお帰りください」と挨拶し、相手が見えなくなるまで見届けます。

① 話し合いを終え、お礼を言ってドアを開ける

↓

② 応接室を出る

来客が帰る前にココをCheck!

□ 忘れ物がないか

□ お土産など渡すものがないか

□ 大きな荷物があれば運ぶのを手伝う

エレベーターまで見送る場合

来客がエレベーターへ乗ったら挨拶とおじぎをする。扉が閉まるときに少し顔を上げてアイコンタクトをするとよい。

玄関まで見送る場合

建物内が複雑なときや、荷物が多いときは玄関先まで見送るのが基本。扉はすぐには閉めず、相手が背を向けるのを待つ。

車まで見送る場合

会社にとってとくに重要な人物は車まで見送りをする。車が走り出したらおじぎをし、車が見えなくなるまで見届ける。

帰りの挨拶は丁寧にすること

「本日はお越しいただきましてありがとうございました。お気をつけてお帰りください」

見送り後は応接室の片付けを忘れずに！

茶碗の片付け、いすを元の位置に戻すなどをし、使用前の状態にする。戸締りや電気を消すのも忘れずに。

Part 5　仕事のマナー

①仕事の進め方

頼まれた仕事は期限内に終わらせる

新入社員の頃は、あまり責任が重大ではないコピー取りやお茶出しなどがほとんどかもしれません。しかし、どんな仕事にも意味はあります。指示された仕事は全力で取り組まなければなりません。仕事をする上で大切な次の5つのことを覚えておきましょう。

①仕事の内容を理解する
②見直しや確認をする
③疑問は解決する
④スケジュールを守る
⑤報告・連絡・相談をする（ホウ・レン・ソウ）

これらのことを怠らずに、段取りよく進めることができればたいていの仕事はうまくいきます。段取りが悪く、苦手な作業を後回しするとクセになり、大きなミスにつながるので注意してください。

Q “仕事ができる人”とはどんな人のこと？

A 頼まれたこと＋αができる人

たとえば、「コピーを取って」と頼まれたときに、何部取るのか、白黒でよいのか、ホチキスは必要かなどに気がついて質問できるかどうかです。頼まれたこと以上に気を回す配慮ができる人になりましょう。

仕事の基本の流れ

“できない人”は　／　“できる人”は

STEP 1　仕事の説明を受ける

STEP 2　仕事の段取りを決める

面倒な仕事にはやる気を出さない

コピー取りのような簡単な雑務だからといって気を抜くと、部数を間違えるなどの初歩的なミスをすることになりかねない。

内容をしっかりと理解し、優先順位を決める

仕事内容にわからないことがあったら質問をする。また、期限に間に合うよう、スケジュールは細かく立てて実行する。

STEP 3　実務に移る

STEP 4　上司へ報告する

自分勝手な判断で進めて失敗する

業務中に疑問やトラブルがあったら必ず上司へ連絡を。自分の未熟な判断だと、大きなトラブルへ発展することもある。

相談と報告を密にしてミスなく進める

業務内容に進展や変更があったらすぐに報告すると、上司に状況を把握してもらえるのでミスが少なくてすむ。

次の仕事の指示を受ける

効率のよい仕事の進め方

スケジュールは細かく決めて仕事を確実に終わらせる

大まかなスケジュールだと油断するので、細かく決めるほうがよい。まず、すべき事を全て書き出す。次に、仕事の期限から逆算し、「ここまでを3時に終わらせる」など制限時間を設定しておくとはかどる。

STEP 1 仕事の説明を受ける

①上司に呼ばれたら
ペンとメモを
持参して急いで向かう

②説明を受けながらメモを取る

【メモする内容】

- □仕事の目的
- □予算・必要な物
- □詳しい内容
- □締め切り

③依頼された仕事内容について
わからないことがあった場合は、
説明の後に
質問をする

④復唱して、
仕事の内容を確認する

STEP 2 仕事の段取りを決める

①頼まれた仕事が
どれほど重要なのかを
判断し、優先順位を決めて
上司へ報告する

②締め切りまでに
どうすれば終わるのか
逆算し、計画を立てる

●終わりそうにない場合は

→ **指示を出した上司へ相談して判断を仰ぐ**

③一人でできる仕事量なのか、
数人で進めるべきなのかを
判断する

一人で → 1日にする仕事量を考えてスケジュールを立てる

数人で → 仕事を分担してスケジュールを立てる。自分の仕事が終わったら人の分を手伝う

失敗と経験から学ぶ

ミスをして落ち込んでいるばかりでは意味がない。次の仕事では失敗しないよう、どうすべきたったのかを考えて反省し、次に生かすことが成功の秘訣だ。

失敗の原因究明

報告ミス、聞き間違い、機器の使い方が分からなかったなど原因を知る。

改善すること

メモを取る、相談をするなど、できていなかったことを実践する。

スケジュールと時間配分

ひとつの作業が終わるのに、どれくらいの時間がかかるのかを知る。

STEP 3 実務に移る

長期の仕事の場合

計画を細かく立て、1日の終わりに順調に進んでいるかを確認する。上司への報告もこまめにするとよい。

短期の仕事の場合

何時までに終わらせるかを決めるときに、ミスがないかを確認するための時間も含めて時間設定する。

① 作業中に疑問が生じたら、自己判断せずに相談する。いろいろ質問せず、まとめて相談をする

② 2つ以上の仕事を頼まれたら、優先順位を考える。わからない場合は上司へ相談

STEP 4 上司へ報告

① 報告をする前に仕事は全て終わっているか、間違いはないかをもう一度確認する

② 仕事が終わったらその旨を報告し、ほかに手伝えることがないかをたずねる

● 報告書を書くときは

仕事の内容によっては報告書の提出が必要な場合がある。伝えるべき項目をきれいにまとめて記入し、提出する。

② ホウ・レン・ソウの徹底

仕事をスムーズに進めるための合言葉「報告・連絡・相談」

　仕事をするときに情報の共有は欠かせません。そのために必要なのが報告、連絡、相談の３つ。略して「ホウ・レン・ソウ」です。

　業務の中間報告が遅れる、事務的な連絡をし忘れる、わからないことを相談をせずに自分勝手に判断をするといったことはマナー違反です。ホウ・レン・ソウが正しくできていないと、チームワークが乱れたり、ミスや失敗が多くなったりして、仕事に支障をきたします。

　また、このホウ・レン・ソウは伝わり方が一方通行では意味がありません。ただ相手に伝えるだけではなく、お互いに理解し合えてこそ達成できたといえるので、伝わっているかの確認も大切です。

ホウ・レン・ソウのバランス

無意味なホウ・レン・ソウは相手を困らせる

ホウ・レン・ソウを実行するには情報の整理が必要です。何も考えずに上司に報告しても仕方がありません。連絡は的確でないと意味がないし、情報がまとまっていない状態で相談しても、相談されたほうは困ります。伝えることをメモし、確認してから話すようにしましょう。

ホウ・レン・ソウの役割

業務を行うにあたってまめな「報告」が必要 上司からの命令や指示に対し、経過や結果を知らせること。相手に自分の状況を正確に把握してもらうために行う。	**ホウ＝報告**	**報告すべきこと** ・業務の進行状況 ・業務が完了した ・ミスをした　など
きちんと「連絡」することで大きなミスを防げる 情報をそのまま相手へ知らせること。意見や憶測はいらない。内容によって重要度や緊急度が異なるので伝えるタイミングに注意する。	**レン＝連絡**	**連絡すべきこと** ・変更がある ・期限や約束の時間 ・社内行事について　など
自分で判断できないときには「相談」を 上司や先輩、同僚に意見を聞き、アドバイスをもらうこと。悩みやアイデアがあったら、自己判断せずに人に聞くことが一番だ。	**ソウ＝相談**	**相談すべきこと** ・仕事で判断に迷う ・問題が起こった ・会社での悩み　など

ホウ・レン・ソウするときはタイミングを見計らって

判断を急ぐとき以外は、相談される側の仕事の邪魔にならないかを考えてから余裕のありそうなときに「ご相談したいことがあるのですが……」と切り出す。

NG

相手が忙しい

あわただしい、または集中しているときには、相手の邪魔になる。聞き逃される危険性も。

雑談中に報告

メモを取らなければならない内容や、資料を見ながらのほうがよい内容は避ける。

メールのみ

送信しても、相手が見なければ意味が無い。「伝えたつもり」では不確実だ。

③ 報告するときのコツ

「あの件どうなった？」と言われる前に報告すること

仕事の途中経過や完了したとき、予定が変更したときなどには報告が必要です。「こんなことは報告しなくてもいいんじゃないか」という、自分勝手な判断は禁物です。どんなささいなことも、上司の耳に入れておきましょう。

基本的には文章にまとめて提出するか、上司が忙しくないときを見計らって口頭で伝えるという方法をとります。

文書報告は記録にもなり、後々何か起こったときに言った言わないという誤解を防げます。提出する書類は、なるべく一枚の紙にまとめて見やすくしましょう。ただし、一刻も早い決断が必要な報告や、関係者にフィードバックする必要のある場合は、口頭で最優先に報告します。

Q 自分が不利になる悪い報告はどうするか？

A 迷う暇はなし。正確に報告することで大きな被害を防げる

ミスや悪い結果こそ、自分から早めに報告します。報告しないでいると、さらにトラブルが起こったり、大きな問題へ発展したりする可能性があります。仕事の途中経過などは直属の上司にこまめに報告しましょう。

上手に報告する方法

報告する前に まずは確認を

上司にも仕事があるので、なるべく邪魔にならないように報告する。口頭の場合、事前に内容、状況、判断を仰ぎたいことをメモにまとめ、順序立てて話ができるようにしておく。

- 急いで伝えるべきか それとも後から伝えるべきか
- 伝える相手が忙しそうにしていないか
- 口頭と文書のどちらで伝えるか

「只今よろしいでしょうか。A社の契約の件で報告がございます」

「取り急ぎ商品を変更してほしいとのことです」

「担当の山田さんがおっしゃるには、理由が2つあるそうですが……」

「これはあくまで私の考えですが……」

ポイント1

了承を得てから報告を始める

見た目ではわからなくても、忙しい状況の場合もある。「後にしてくれ」と言われたら従う。

ポイント2

結論から言い始め簡潔に話す

相手が一番聞きたいのは結果なので、回りくどい言い方はせずに伝えたいことを先に言う。

ポイント3

起こった出来事はありのまま話す

なぜそうなったのか、その経緯と現在の状況はどうなのかなど、理由を詳しく説明する。

ポイント4

自分の意見を述べるときはひと言断ってから

意見や憶測は事実と区別するために、断ってから話し始める。断らないと混乱のもとになることも。

NG 真実を曲げて伝える

自分に都合のよい結果になるように、真実をねじ曲げて伝えるような行為は信用を失う。

④ 正しく連絡する

伝えるべき内容を理解して情報をゆがめないことが連絡の掟

　数人で同じ仕事を進めるときに、新しい情報を一人でも聞いていない人がいると、仕事に支障をきたしたり、人間関係が悪くなったりしかねません。それゆえに、連絡は密にすることが大切です。

　日頃から日程や予定の変更はもちろん、取引先の状況や商品内容など、細かなことまでお互いに情報を伝え合い、共有しましょう。

　最近ではパソコン上で情報を共有している会社もあります。会社全体の、または部内のスケジュールや、業務連絡などが一斉に連絡されます。そのような会社の場合は、新しく更新された情報を見忘れることがないように、こまめに確認することを習慣化しましょう。

一人に伝える

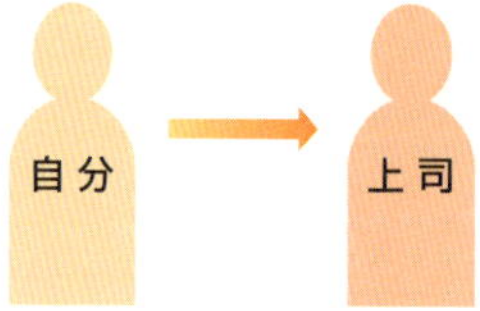

●自分から一人へ。または、複数の人へ伝言してもらうように頼む。

あまり多くの人に知られてはいけない内容なら、直接口頭で伝えるのが無難だ。相手にも理解してもらいやすい。

複数に伝える

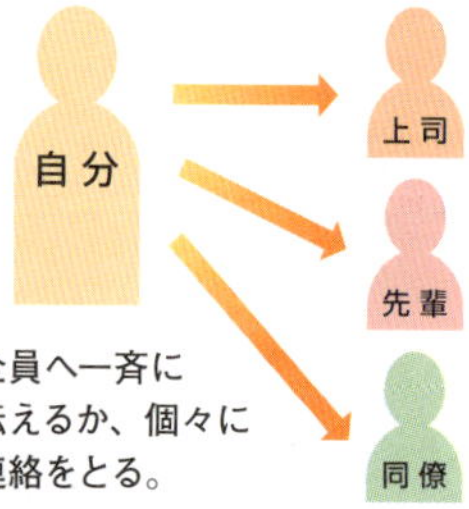

●全員へ一斉に伝えるか、個々に連絡をとる。

連絡ミスのないよう、誰に伝えていて誰に伝えていないかをチェックできるように関係者のリストを作成すると安心だ。

ツール別　連絡の方法

連絡のツールチャート

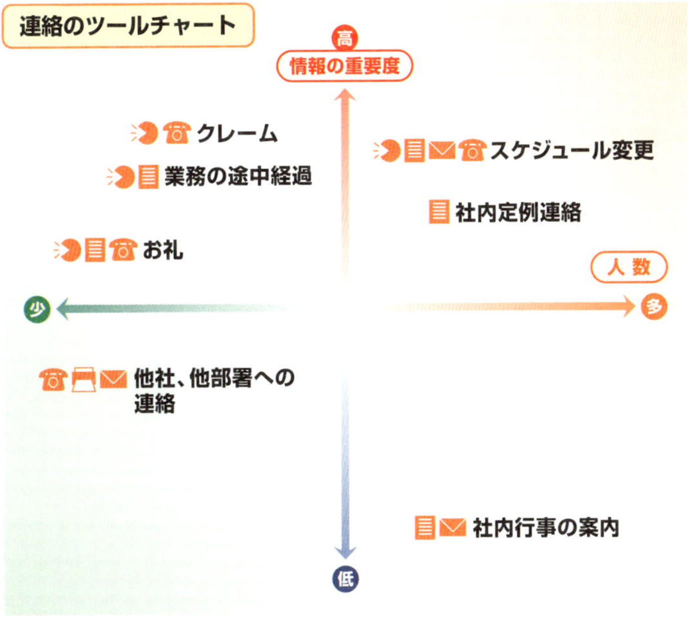

口頭で伝える

複雑でない内容や、多くの人に知られてはいけない内容に向く。聞き間違いや相手が忘れることもあるので注意する。

文書で伝える

地図など紙面にしたほうが分かりやすいときや、複数の人へ回覧するときに向く。ただし、一人が止めると行き渡らない。

FAXで伝える

ほかの部署や社外の人に連絡するのに向く。ただし、人に見られる可能性があるので機密事項は書かない。

電話で伝える

ほかの部署や社外の人へすぐに伝えられて便利だが、複雑な内容や重要な内容は伝わりづらい。

メールで伝える

一度に複数の人へ送ることができる。ただし、相手が読まないと連絡できたことにはならない。

⑤ こんなときにはまず相談

考え込むと足止め状態
相談することで解決の糸口を見つける

少しでも疑問や心配ごとがあったら、その都度上司や先輩へ相談しましょう。疑問や心配を抱えたまま仕事を進めると、大きなミスにつながります。また、仕事は自己判断で進めてはいけません。

相談の内容によっては、説明が長くなったり、相手の判断に迷いがあったりして時間がかかることもあります。その場合は、「相談したいことがありますので、お時間をとっていただけないでしょうか」と、事前にアポイントを取るとよいでしょう。

一度教えてもらったことを何度もたずねたり、アドバイスを活用しなかったりするのは相談した意味がありません。問題を解決できるよう仕事に生かしましょう。

よくある相談ごとCheck!

	すべき	保留
① 仕事の進め方でわからないことがある	☑	☐
② 社内に嫌な人がいて一緒に仕事をしたくない	☐	☑
③ 取引先の人とうまくいかない	☑	☐
④ 社外の人と会うときにどう対応してよいかわからない	☑	☐
⑤ 今の仕事が物足りなく感じる	☐	☑

正しい相談の仕方

① 不明点・不安点は早めに相談する

業務についてわからないことがあったらその都度相談し、業務を滞らせない。

② 相手の状況を考える

相手の仕事の状況が忙しくないかを確認する。相手の立場や人間関係が悪くなるような相談は避ける。

③ 意見は簡潔にまとめる

問題点と現状を把握し、要点をまとめる。報告（93ページ参照）のときと同様に、結論から話す。

④ 無理な相談はしない

ただ聞いてほしいだけ、相手が不利になる、不愉快にさせるといった内容の相談は失礼になる。

こんな相談は困る

① アポなしで突然、話し始める

唐突に話し始めると、相手は困る。事前に「○○の件で相談があります」とアポイントを取ること。

② 考えがまとまっていない

何も考えずに、漠然と聞くだけでは相談と言えない。まずは自分で考え、わからないことだけを聞く。

③ 感情を出しすぎる

相談しながら泣き出したり、怒って他人を罵倒したりするのは迷惑になるので、落ち着いて話す。

④ だらだらと長い

起こった出来事や状況を長々と話すと、時間がかかる。かいつまんで的確に話すとよい。

解決後はお礼を忘れずに

相談にのってもらったら、金銭や物を渡す必要はないが、結果を伝えてお礼を言うこと。

NG すべてを丸投げ

厄介な状況に巻き込む、責任を押しつけるといった相談はもちろんダメ。また、何も考えず、無責任な態度で相談するのは、相手に迷惑になるばかりか仕事の怠慢と思われかねない。

Part 5 仕事のマナー

⑥ 会議の準備

話し合いのテーマを把握して意見を持って参加する

会議をする目的は２つあります。ひとつは、参加者全員に情報を伝えるため、もうひとつは、ある問題について参加者で対策や解決案を出すためです。

新入社員のときには議論をただ聞いている状態が多く、参加する意味がないように感じるかもしれません。しかし、参加すると、会社が今どんな状況なのか、どんな問題を抱えているのか、今後どうすべきなのか、ということを知ることができます。

たとえ発言をしなくても会議に参加するときは部外者面ではいけません。討論のテーマを把握して事前に下調べをしたり、発言者の意見をよく聞いたりして、積極的に参加する姿勢をとりましょう。

会議の担当者になったら

スムーズな会議になるよう設営や準備に気をつける

会議の準備を任されたら、出席者の都合を考慮しつつ、日時と場所を決めて、正確に伝えます。当日までに必要な書類を上司や先輩に確認して用意し、わからないことはその都度相談しましょう。自分勝手に判断して暴走することがないように気をつけてください。

準備するものリスト

- □いす・テーブル
- □映写機・スクリーン
- □ホワイトボード
- □資料
- □テープレコーダー

など

会議前にしておくこと

会議の前日までに

事前に配布された資料を読む

ただ読むだけではダメ

・内容を理解する
・問題点を洗い出す

過去の議事録を見る

会議の流れをつかむ

・どのような討議と解決がされてきたか
・どのような発言があったか
・今回のテーマに関係する会議が過去にあったか

自分の意見をまとめる

発言を求められたときに備える

・問題点に対して自分は反対か賛成か
・自分の考えや意見を文章にする

会議当日に

参加に必要な持ち物をそろえる

携帯電話はOFF

会議中に着信音がなると、発言をさえぎるなど進行の邪魔になる。マナーモードか電源をOFFにしておく。

5分前に着席する

遅刻や中座は厳禁！

会議中の出入りは基本的にダメ。どうしても中座しなければならない場合は、人の発言中を避ける。

会議スタート

⑦ 会議中のマナー

会議の進行に従って積極的に参加する

会議が始まったら、司会者の進行に従います。会議中に居眠りや、ボーッとしているのはやる気がないように受け取られるので厳禁です。

会議中は全員が積極的かつ冷静な態度で意見を交換し、問題をよりよい方向に導いていくのが理想的です。他部署の人も一同に集まるような会議なら、さまざまな視点からの意見交換ができるよい機会でもあります。

参加するときには、あらかじめ自分の意見をまとめておくことも大切ですが、指名されて発言するときに、その場に則した意見を述べられるようにします。また、人が発言するときはしっかり聞いて内容をメモし、積極的に参加してください。

●会議の席次

会議室にも上座と下座がある。議長を中心に役職の高い順に座る。事前に自分の位置を確認しておくとよい。

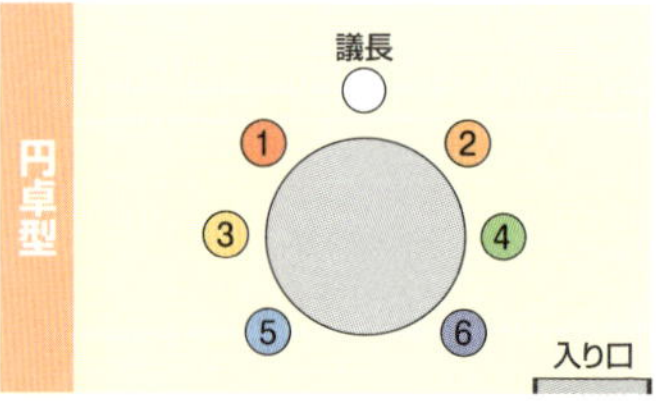

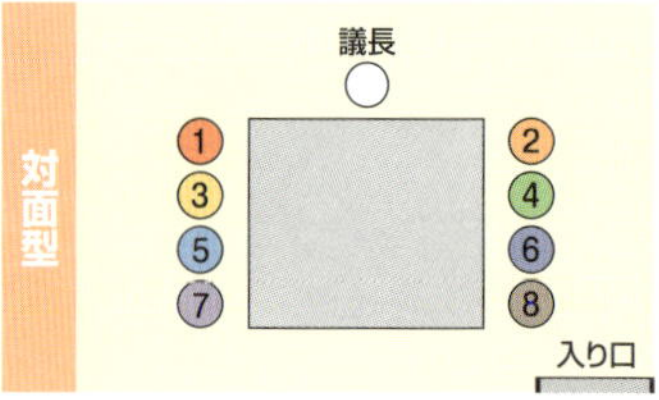

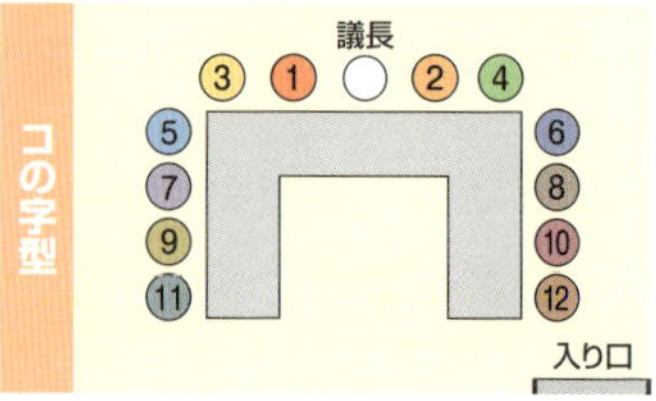

会議の流れ

趣旨説明
担当者から会議で討論するテーマについて説明がある。配布資料と照らし合わせてよく聞く。

→

討議
テーマについて意見を交換し、問題点をあげて解決案を出していく。指名されたら発言する。

→

まとめ
まとまらなかった意見、討議から導き出された結果、新たな問題点を整理し、全員で確認する。

→

会議終了

討議中の姿勢

●発言を聞く

姿勢を正して発言する人のほうを向く。発言の内容はメモに取ってしっかりと聞く。

NG

●罵倒する
意見が違うからといって頭から反対してはいけない。聞く耳を持つ。

●居眠りをする
船をこいでいたり、目を閉じていたりでは参加する意味がない。

●発言をさえぎる
人の意見は最後まで聞く。また、発言は指名があってからする。

●発言する

大きな声でしっかりと話す。まず結論から始め、簡潔にまとめた意見を言うこと。

NG

●意見がまとまっていない
緊張して何を言っているのかわからない、長々と話すなどは迷惑。

●急な発言
指名されてもいないのに、突然発言を始めると、進行の邪魔になる。

●自分の意見を押し通す
意固地になって繰り返し同じ意見を言ってはダメ。

⑧ 会議後にすること

討議の内容を見直してわからなかったことを確認する

会議で話し合ったことをメモに取っても、見直さなければ意味がありません。

発言の中には、業界の専門用語や社内の人だけが使う隠語が飛び出すことがあります。わからなかったことは辞書で調べたり、上司や先輩に聞いたりして解決するようにしましょう。そうしておけば、次の会議のときに話の内容が理解しやすくなります。

会議後は会議議事録を作成する会社がほとんどです。会議議事録とは討論の結論を報告する文書のことで、基本的には記録係に任命された人が会社のフォーマットにならって書きます。もし、自分が記録係になったら上司や先輩に相談しながら作成すればよいでしょう。

Q 社外で行われた会議に代表で出席した場合は？

Ⓐ 会社に戻り次第、すぐに直属の上司へ報告する

会社の代表として他社の人が集まる会議に参加するときは、内容を聞き逃さないようにICレコーダーなどで録音しておくと確実です。重要な内容や結果は会社へ戻る前に上司へ電話で報告し、戻ってから詳細を伝えます。

Part 1
Part 2
Part 3
Part 4
Part 5
Part 6
Part 7
Part 8
Part 9
Part 10

メモを見直す

メモを文章にする

発言者の意見や会議中に疑問に思ったことなどを、箇条書き、または文章にしてみると理解しやすい。

専門用語や略語など不明点を解決する

発言の中で意味のわからなかった言葉を辞書やネットで調べる。社内に関することなら上司や先輩に聞く。

議事録を作成する

① 資料や録音したテープレコーダーから内容をまとめ、議事録を作成する

読みやすいようにきれいに表記する

会社のフォーマットに従い、過去の議事録を参考に書き込む。人が読むものなので丁寧な字で書く。

議事録に書くこと

日付、場所、担当者、
発言内容、問題点、結果など

② 議事録を回覧する

印鑑や署名欄をつけて見落としを防止する

議事録を社内で回覧する場合は別紙をつけ、見た人にサインをもらうようにすると全員が見たのかを確認しやすい。

③ ファイリングする

次の議会の参考資料として保管しておく

議事録作成後や回覧後は誰でも回覧できるように、過去の議事録と一緒に保管しておく。

① ビジネス会話の基本

よい人間関係を築く会話とは
話す：聞く＝3：7のバランス

人と人は互いに相手を気づかった会話ができてこそ、信頼関係を築けます。とくにビジネスではさまざまな年齢層の人が相手となるので、失礼のないよう、言葉づかいや仕草に気をつけましょう。

また、バランスにも意識してください。「話す」と「聞く」は3：7の割合と覚えて、聞くことを重視します。

相手の話を聞きながら、会話の中で何が重要なのか、相手はどういう返事を期待しているのかなどを理解してください。それができれば、要点を押さえた質問や提案ができるようになり、相手との距離が縮まって話しやすくなるでしょう。

普段の何気ない会話から意識するようにすれば、人間関係がよりよくなるはずです。

聞き上手になるために

相手が話したくなるような
タイミングのよい相づちや質問を

ただボーッと話を聞くのでは意味がありません。相手が気持よく話すことができるように、話に合わせて質問したり、「はい」、「そうですか」などの相づちを打ったりすることが大切です。また、会話の中で重要な言葉を「○○ですね」とオウム返しすると確認にもなります。

好印象な話し方

印象の悪い話し方

目の動き	**相手の目を見て話す** 表情や仕草を捉えるために相手をときどき見る。相手が資料や物を指し示したときにはそちらを向く。	**キョロキョロ、伏せ目がち** ほかのほうをチラチラ見たり、別のことをしながらだったりするのは、会話に集中していないように思われる。
表情	**口角を上げて微笑む** 明るく笑顔で応対する。ただし、深刻な話しや謝罪のときにはけじめをつけた表情に。	**沈んでいて暗い** 無表情やむすっとした顔だと、相手は気分が悪い。また、ほかの事を考えていると表情に出るので注意。
仕草	**相づちやジェスチャーをつける** 聞くときは姿勢を正す。わかりづらい内容は、資料を指すなど身ぶり手ぶりで説明すると伝わりやすい。	**姿勢が悪い、クセが出る** 大げさなジェスチャーはダメ。貧乏ゆすりや腕を組む、ペンを回すなどのクセも印象が悪い。
声のトーン	**普段よりも少し高めのトーン** 話し始めから明るい声だと、相手は安心する。逆に謝罪のときには声のトーンを落として使い分ける。	**気分によってムラがある** 暗い声だと、体調が悪い、怒っているという印象を相手に与え、不安に思われる。
話のスピード	**リズミカルに適度な速度** 速すぎず、遅すぎず一定のスピードにする。ひとつひとつの言葉が明瞭に聞こえるようにはっきりと。	**速すぎる、遅すぎる** 相手が聞き逃したり誤解したりする可能性がある。話を進めるときには相手が理解しているか確認する。
言葉づかい	**敬語を正しく使う** 伝えたいことを的確に話すことが大前提。年上には敬語を使うのが決まりだが間違った敬語は禁止。	**間違った敬語** 正しい敬語だと思っていても間違っていることが多いので、確認してから使う。若者言葉は使わない。

Part 6　会話のマナー

② 自己紹介をする

自分を知ってもらうチャンス
ただ乗り切るだけではダメ

入社、転勤、担当交代のときなど、ビジネスシーンで自己紹介をする機会は結構あります。

自己紹介といっても、就職活動の面接のような自己PRとは別物です。相手に自分を覚えてもらい、人脈を広げることが目的なので、謙虚で簡潔な自己紹介が好まれます。もちろん笑顔も大切です。

社外の人と名刺交換をするときなどのちょっとした自己紹介では、会社名、部署名、名前だけを言うのが基本です。しかし、このときに相手と出身地や趣味が同じなら、ひと言つけ加えるとその後の会話が盛り上がります。事前に相手の特徴を上司に聞いておきましょう。社内の人への自己紹介は、出身地や趣味、経験などのひとネタに、仕事に対する抱負を結びつけて言うと興味をもたれやすく、おすすめです。

相手に早く名前と顔を覚えてもらうと、何かと声をかけてもらえるようになり、人間関係や仕事が円滑になります。逆に相手の顔と名前も早く覚えましょう。

一人の人に自己紹介する

相手を見ながら、短時間で簡潔に自己紹介をする。明るくハキハキとした話し方だと印象がよい。相手の名前と顔も早く覚えるようにする。

大勢に自己紹介する

自己紹介のために時間を割いてもらっているので、短く簡潔にする。長々と語ったり、笑いをとったりするのはかえって印象が悪い。

社外の人への自己紹介

名刺交換などの簡単な自己紹介でも、明瞭な発音でしっかりと名乗る。

基本形　社名 ＋ 部署名 ＋ 名前

「〇〇株式会社営業部の山本太郎と申します。どうぞ、よろしくお願いいたします」

● 名刺交換のとき

相手と同郷なら「私、山形県の出身なのですが、確か同じではございませんか」などひと言加えてもよい。

● 担当交代のとき

自己紹介の前に「〇〇（前の担当者名）の後任になりました」とつける。電話で自己紹介する場合は明るい声で言う。

社内の人への自己紹介

仲間として一緒に働きたいと思ってもらえるよう、印象的なアピールを少し加える。

①部署名・名前を言う

「営業部に配属されました山本太郎です」

→

②趣味や特技などの特徴を言う

「学生時代にサッカーをしておりましたので、体力に自信があります」

→

③仕事の目標や抱負を言う

「早く仕事に慣れるよう頑張りますのでご指導とご鞭撻《べんたつ》をお願いいたします」

こんなネタだと印象的

趣味・特技　「お酒が好き」「釣りが好き」など、共感する人が多い内容にするとよい。後々誘ってもらえようになることも。

名前の由来　「努力の努と書きます。この名前のように努力を絶やさないようにします」など、名前にちなんだことを言う。

出身地　相手が訪れたことがある場所だったり、同郷だったりすると、その後の会話が盛り上がる可能性大だ。

体験　学生時代のことや習い事、趣味で得た経験を話す。ただし、自慢話や説明が長々となる内容は場がしらける。

まとめの言葉は意欲をアピール

仕事の抱負や目標を言うと、やる気があることが伝わり、仲間意識をもってもらえる。

③ 会話の上手な組み立て方

一方通行はダメ
相手の意見を取り入れることが大切

「会話はキャッチボール」というように、自分だけ話したり、逆にただ聞くばかりでは、会話が成り立ちません。お互いに内容を理解しながら話を進めるためにルールがあります。

まず、話の内容に5W2Hを入れることです。伝えたいと思っている情報に漏れがなく、過不足なく伝えることができます。

次に、相手の意見を盛り込みながら話を進めることです。わからないことは話の途中で質問したり、確認のために復唱したりするとより理解できるようになるでしょう。

会話の内容は5W2H

5W

●**What（何が）**
主題となるもの。仕事の用件や内容、できごとなど。

●**Who（だれが）**
担当者、企画者、携わった人など、関係のある人物。

●**When（いつ）**
実施期間、約束、事件の起こった日付・時間など。

●**Why（なぜ）**
どうしてそうなったのかという理由と原因。

●**Where（どこで）**
実施場所や事柄が起こった所、集合場所など。

2H

●**How（どのように）**
用件、出来事の手段や方法、解決策など。

●**How much（いくら）**
コストや金額、予算などお金に関係のあること。

ビジネスでの会話

話を始める前に目的を確認

・内容を正しく伝える
・相手を納得させたい
・人間関係をよくしたい
・相手に頼みたいことがある

組み立ての順序

報告するときの会話を組み立てる

自分：「山下部長、**只今よろしいでしょうか**」

ポイント **相手の状況を確認する**

上司：「はいどうぞ」

自分：**「A社との取引の件ですが、ほかの商品でも新たに取引をしたいそうです」**

自分：**「先方の担当者によりますと、前回の商品が好評だったということで……」**

上司：「それでは、**先方の上司と再度打ち合わせ**をしなければならないな」

ポイント **相手の意見を聞く**

自分：**「先方にはどのように連絡すべきでしょうか」**

上司：「来週中に会いたい旨を伝えておいてくれ」

自分：「かしこまりました」

結論

話の内容を大まかにまとめ、何を言いたいのかということを、簡潔に伝える。

詳細

何が起こったのか、問題は何なのかなどを5W2Hでわかりやすく説明する。

判断
相談
解決

Part 6　会話のマナー

④ スムーズな会話

タブーな話題だと
スムーズどころか最悪な展開に

接待中、打ち合わせ中、移動中などに何気ない話題で会話を弾ませることも大切なビジネスマナーです。ただし、話題によっては相手を傷つけたり怒らせたりしかねません。避けたい話題は次の３つですので、覚えておきましょう。

①政治・思想・宗教
②プライベート
③悪口・噂・説教

賛否両論ある話題は、意見が食い違ったときに気まずくなりますし、私生活のことは干渉されているようで嫌われます。とくに悪口はこちらの人間性を疑われるので、注意してください。

逆に相手がタブーな話題をふってきたら、嫌な顔をせず、さりげなく話題を変えるようにしましょう。

ビジネスにふさわしい話題

話題に困ったら、相手やその場に合わせて次のような話題で盛り上げましょう。

「キドニタテカケシ衣食住」

- キ…気候・季節
- ド…道楽・趣味
- ニ…ニュース
- タ…旅
- テ…テレビ
- カ…家族
- ケ…健康
- シ…仕事
- 衣食住…日常生活

※ただし、プライベートなことはダメ

こんな相手とのスムーズな会話

よくしゃべる人と話す場合の対応

貴重な話はよく聞くことが大切だが、時間がないときやタブーな話題のときにはやんわりと切り抜けることが必要だ。

× 「その話は以前聞きました。
時間がないので失礼いたします」

○ 「大変勉強になります。
あいにく本日は午後3時に
戻らなければなりません。
次回お聞かせ願えませんか」

口数が少ない人と話す場合の対応

相手に無理に話させず、なるべく自分から話題をふり、答えを導くとよい。質問攻めにすると相手が困るので反応を見ながら話す。

× 「わからないので、
もっと説明してください」

○ 「○○ということですよね。
ではAよりもBのほうがよいと
お考えでいらっしゃいますか」

相手が間違ったことを話した場合の対応

明らかに間違っている内容でも、強く指摘すると上からものを言っている印象になるので、謙虚に言って正す。

× 「それは間違っています。
正しくは○○です」

○ 「私は○○という意見も
聞いたことがありますが……」

⑤ 言いにくいこと、願いごとを言う

がらりと印象がかわる便利なクッション言葉

目上の人やお客様に頼みごとをしたり、断ったりするのは気が引けるものです。きっぱり言うと、自分も相手も嫌な気分になるので、言い方に注意しなければなりません。

そんなときに役立つのが、クッション言葉です。言いたいことの前にひと言添えるだけで、きつい印象を和らげてくれます。

たとえば、「遠慮させていただきます」より「せっかくですが、遠慮させていただきます」のほうが、「せっかくですが」というクッション言葉をつけるだけで「本当はお受けしたいのですが……」という意味合いを感じさせ、相手が気分を害しません。クッション言葉をつけることは相手への気配りでもあるのです。

言いがちなNGワード

クッション言葉をつける前に、まずは言いたい言葉の丁寧な言い回しを考えることが必要だ。

ありません →	ございません
できません →	いたしかねます
わかりません →	わかりかねます、判断しかねます
いません →	（席を）外しております

お願いするとき

丁寧な言い回しにする

命令ではなく、「お願いして質問する」という言い方にする。相手に選択の余地ができて受け入れてもらいやすい。

「待ってくれますか」

↓

**「お手数ですが、
お待ちいただけますか」**

お願いするときのクッション言葉

お手数ですが〜
恐れいりますが〜
申し訳ございませんが〜
よろしければ〜
お手をわずらわせますが〜
差し支えなければ〜
ご面倒をおかけしますが〜

断るとき

やわらかく、でもきっぱりと

感謝の気持ちを示しながらも、断ることが明確に伝わるような言い方にする。曖昧な表現では優柔不断な印象になる。

「お断りします」

↓

**「せっかくですが、○○の件は
お断りさせていただきます」**

断るときのクッション言葉

残念ながら〜
身にあまるお言葉ですが〜
あいにく〜
せっかくですが〜
申し上げにくいのですが〜
大変恐縮ですが〜
申し訳ございませんが〜
お気持ちはありがたいのですが〜

催促するとき

言うタイミングも重要

一度お願いしたけれど行動に移してもらえなかったときは、質問するような言い方にするとよい。

「あの件、どうなっていますか」

↓

**「たびたびお手数おかけしますが、
○○の件いかがでしょうか」**

催促するときのクッション言葉

たびたびお手数おかけしますが〜
重ね重ね申し訳ございませんが〜

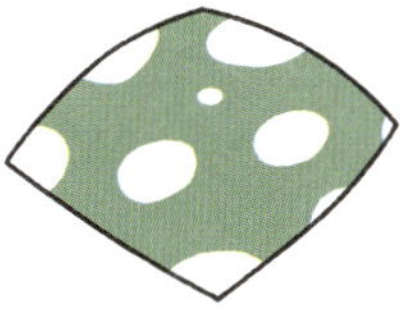

⑥ 言ってはいけないひと言

意外なひと言が
失礼な発言と受け取られる

「エクセルはおできになりますか」。この質問では、聞かれた上司や先輩は、カチンとくるでしょう。

一見、ふつうの質問に感じますが、この表現では相手に能力を問う聞き方になり、大変失礼なのです。この場合は、「エクセルはお使いになりますか」が正解です。

このようにビジネス会話にはちょっとの言い回しが、大変失礼な意味に受け取られるような言葉の落とし穴があるので、注意してください。

上司や先輩の中には、あえて注意してくれる人もいます。そんなとき、反抗したり、極端に沈んだりといった態度をとってはいけません。自分が未熟であることを素直に受け止め、次に生かしましょう。

目上の人を評価する

尊敬のまなざしのはずが
バカにされたと受け取られる

「そんなこともできるなんて、すごいですね」。先輩の仕事ぶりに感心して言ったのかもしれませんが、目上の人を評価するような、上から目線の言い方です。悪気のない発言なだけに相手は余計傷つきます。また、「本当ですか」「そうですか」も疑っているような発言なので失礼です。

Part 1 Part 2 Part 3 Part 4 Part 5 Part 6 Part 7 Part 8 Part 9 Part 10

言いがちな失礼言葉ランキング

それはこっちのセリフ!!

労いの言葉ではあるが、これは年上から年下に向かって使う言葉。「お疲れ様でした」と言うのが正解だ。

いつも謝ってばかり？

低姿勢な発言にしようと多用しがち。クセになると、本当に謝罪するときに信ぴょう性を疑われる。

上から目線…！

書類の説明をするときなどに、うっかり言いがち。「私の説明でご理解いただけましたでしょうか」と聞くこと。

学生気分が抜けてない！

仕事中は意識していても、休憩時間や飲み会のときなどのくだけた話をするときに出がちなので気をつける。

×

若者言葉の例

- 超
- 全然OK
- まじで〜
- ムカつく
- 〜っスか？
- 〜って感じ
- 私って○○じゃないですか〜
- 〜とか、しますか？
- 〜みたいな
- 〜ですよねぇ？

Part 6　会話のマナー

⑦ 敬語の種類と使い方

あやふやな敬語はダメ
正しく理解することが大事

学生時代、先生や親に向かって使っていた敬語は、多少間違っていても通用したかもしれません。しかし、それを社会に出てから目上の人や取引先相手の人へ使うとかえって失礼になることもあります。正しい言葉づかいをしっかりと理解しておきましょう。

現在、敬語には尊敬語、謙譲語（謙譲語Ⅰ）、丁重語（謙譲語Ⅱ）、丁寧語、美化語の５種類あり、立場や状況に応じて使い分けます。

たとえば、部長が話したことを伝えるときは、社内の人には「部長がおっしゃいました」と言いますが、社外の人には「○○が申しておりました」と、敬称や尊敬語を使わずに謙譲語で伝えます。

これは、「内」と「外」の関係があるためです。社外の人に伝えるときは自分より目上の上司や社長の行為でも、内側の人間と捉えて話します。

敬語を使うときに気をつけること

●「外」と「内」の関係を知る

分類	種類	特徴
尊敬語	尊敬語	相手への敬意を示す表現。上司や先輩、お客様など自分よりも目上の人の動作や状態に対して使う。 （118ページ参照） 例 **いらっしゃる、** **おっしゃる** など
謙譲語	謙譲語	自分の行動や状態を低く見せるような言い方をする。相手や第三者に関わる自分の動作や状態に使う。 （119ページ参照） 例 **伺う** **申し上げる** など
	丁重語	自分の動作、状態、物事などを、相手に対して丁寧に述べるときに使う。必ず丁寧語の「ます」を伴うのが特徴。 （120ページ参照） 例 **参ります** **申します** など
丁寧語	丁寧語	「です」や「ます」などを言葉の最後につけることで、聞き手に対して丁寧な言葉づかいをする。 （121ページ参照） 例 **です、ます** **ございます** など
美化語	美化語	物事を美化して述べるもの。「お」は訓読み言葉に、「ご」は音読み言葉につけるのが基本の使い方。 （120ページ参照） 例 **お酒** **ご紹介** など

尊敬語をマスターする

尊敬語とは…

相手や相手の行為、物事、状態に対して尊う表現を使うこと。
お客様、上司、取引先の人など、ほとんどの人に使う。

ルール		実践
ルール1	動詞を置き換え語にする	社長が食べる → **社長が召し上がる** お客様が言う → **お客様がおっしゃる**
ルール2	動詞＋～れる（られる）	社長が会う → **社長が会われる** お客様が買う → **お客様が買われる**
ルール3	お（ご）＋動詞＋～になる	社長が使う → **社長がお使いになる** お客様が帰る → **お客様がお帰りになる**
ルール4	お（ご）＋動詞＋くださる	社長が話してくれる → **社長がお話くださる** お客様が理解してくれる → **お客様がご理解くださる**

尊敬語のやりがちNG

① 二重敬語

×「おっしゃられる」

○「おっしゃる」

② 自分に尊敬語

×「わたくしが召し上がったとき」

○「わたくしがいただいたとき」

謙譲語をマスターする

謙譲語とは…
自分の行動や状態をへりくだって言うことで、相手を立てること。
自分、自分の身内、社外の人に自社のことを話すときに使う。

ルール	内容	実践
ルール1	動詞を置き換え語にする	(私が)社長宅に行く→**社長宅に伺う** 私が聞く→**私が伺う**
ルール2	自分や自分に関係するものをへりくだる	私の家→**小宅** 努力→**微力**
ルール3	お(ご)+～する	(私が)調べる→**お調べする** (私が)案内する→**ご案内する**
ルール4	お(ご)+させて頂く	(私が)行く→**お伺いさせて頂く** (私が)見送る→**お見送りさせて頂く**

謙譲語のやりがちNG

① 相手に謙譲語を使う
× 「いかがいたしますか」
○ 「いかがなさいますか」

② 二重謙譲語
× 「拝見させて頂きます」
○ 「拝見いたします」

丁重語をマスターする

丁重語とは… 自分の行動や状態をへりくだって言い、さらに相手へ改めて丁重に伝えること。

ルール 動詞を置き換え語にする＋丁寧語

ビジネスでよく使うフレーズが多いのが特徴

△「来週から出張に行きます」 → ○「来週から出張に参ります」

△「のちほど連絡します」 → ○「のちほどご連絡いたします」

△「商品が届いています」 → ○「商品が届いております」

△「山田といいます」 → ○「山田と申します」

△「確認します」 → ○「確認いたします」

美化語をマスターする

美化語とは… 名詞の頭に「お」や「ご」をつけて相手に丁寧に伝えること。基本的に「お」は訓読み言葉に、「ご」は音読み言葉につける。

ルール 「お」「ご」をつける → **実践** お酒、お金、お名前、お忙しい、お電話、お手紙、お料理、お元気、ご紹介、ご理解、ごはん

× 美化語にできないもの

外来語
- コーヒー
- ケーキ
- カップ
- メール
- テレビ

公共のもの
- 電車
- 学校
- 区役所
- 銀行

自然現象
- 晴れ
- くもり
- 雨
- 地震
- 吹雪

悪い意味の言葉
- 離婚
- 死亡
- 事故
- 頭痛
- 犯行

丁寧語をマスターする

丁寧語とは… 文末に「です」や「ます」などをつけて、話の内容を相手へ丁寧に伝えること。

ルール1　文末に「です」「ます」をつける

実践
- こっち → **こちらです**
- きれいだ → **きれいです**

ルール2　～ございます

実践
- 美しい → **美しうございます**
- 恐しい → **恐しゅうございます**

ルール3　決まり文句を言い回す

実践
- わかりました → **かしこまりました**
- そうです → **さようでございます**

ルール4　置き換え語にする

あなた	→	**あなた様**
さっき	→	**先ほど**
あれ、これ	→	**あちら、こちら**
昨日（きのう）	→	**昨日（さくじつ）**
今日	→	**本日**
明日（あす）	→	**明日（みょうにち）**
今	→	**只今**
一応	→	**念のため**

置き換え語一覧

	尊敬語	謙譲語
する	なさる	いたす
いる	いらっしゃる	おる
言う	おっしゃる、言われる	申す、申し上げる
聞く	聞かれる お聞きになる お耳に入る	伺う、承る お聞きする 拝聴する
行く	いらっしゃる 行かれる	伺う 参上する 参る
来る	お越しになる いらっしゃる お見えになる	参る
帰る	帰られる、お帰りになる	失礼する、おいとまする
見る	ご覧になる	拝見する
食べる	召し上がる	頂く、頂戴する
読む	お読みになる	拝読する
会う	会われる、お会いになる	お会いする、お目にかかる
知る	ご存知	存じる、存じ上げる
わかる	おわかりになる	承知する、かしこまる
持つ	お持ちになる	お持ちする
もらう	お受け取りになる お受けになる お納めになる	頂く、頂戴する 拝受する 賜る
与える	くださる	差し上げる・上げる
着る	お召しになる	着せていただく

呼びかけ語一覧

	相手側	自分側
本人	あなた様、そちら様	わたくし、当方、 こちら、小生
あの人	あの方、あちらの方	あの者
誰	どちら様、どなた様	どの者
両親	ご両親（様）	両親
父	お父様、お父上（様）	父
母	お母様、お母上（様）	母
夫	だんな様、ご主人（様）	主人、夫
妻	奥様、令夫人	家内、妻
家族	ご家族、皆々様	家族、家の者
息子	ご子息、息子さん、 お坊ちゃま	せがれ、息子
娘	ご息女、お嬢さん、 娘さん	娘
贈答品	お品物、ご厚志	粗品、寸志（目下の人に対して）
授受	ご笑納、お納め	拝受
考え	ご意向	私見
自宅	お住まい、ご自宅	小宅
文書	ご書面	書面
同行者	お連れ様	同行の者

⑧ 間違えやすい敬語

敬語が理解できないと失礼な発言をしかねない

「お客様がおっしゃられました」というような言葉を使ったり、聞いたりしたことはありませんか。これは尊敬語の「おっしゃる」と「れる、られる」を組み合わせた二重敬語です。尊敬の気持ちを強調させるために使っているのかもしれませんが、間違いです。「お客様がおっしゃった」が正しい日本語です。

ビジネスフレーズには、このような間違いが結構潜んでいます。自分の使っているセリフが本当に正しい敬語なのか今一度確認してみましょう。

また、最近は「５千円からお預かりします」という間違ったコンビニ敬語を話す人もいます。正しくは「５千円お預かりします」です。十分に注意してください。

こんな間違いをしがち！

● 物や動物に敬語を使う

「豪華な食事でいらっしゃいますね」

「飼っている猫は元気でいらっしゃいますか」

やりがちなNG敬語

二重敬語

「れる」「られる」の乱用は避ける

尊敬語を多用して使う言葉。とくに、言葉の最後に「れる」「られる」をつけると、丁寧な印象になるような気がするためか、間違いが多い。

二重敬語の例

① ×**「おっしゃられる」**
↳「おっしゃる」＋「れる」

② ×**「ご覧になられる」**
↳「ご覧になる」＋「れる」

③ ×**「お越しになられる」**
↳「お越しになる」＋「れる」

ポイント1　例外あり

● **定着している言葉は許容範囲とされる**

「お伺いする」
↳「伺う」＋「お〜する」

「お召し上がりになる」
↳「召し上がる」＋「お〜になる」

ポイント2　これはOK

● **敬語にした動詞をつなげる**

「お話しくださる」
↳「話す→お話になる」
＋「くれる→くださる」

ら抜き言葉

動詞の可能形から「ら」を抜いてはダメ

「午後3時には来れそうですか」など、可能の表現のときに「ら」を抜く言い方で、話し言葉に間違いが多い。文書にするときに使うと、とくに間違いが目につく。

ら抜き言葉の例

① ×**「食べれる」**
○**「食べられる」**

② ×**「見れる」**
○**「見られる」**

③ ×**「来れる」**
○**「来られる」**

コンビニ敬語

慣れ親しんだ言葉には誤りがたくさん

「1000円からでよろしかったでしょうか」など、明らかな間違いと知りつつも、耳慣れている言葉だ。ついつい言ってしまいがちなので要注意。

コンビニ敬語の例

① ×**「こちらが見積書になります」**
○**「こちらが見積書です」**

② ×**「この品物でよろしかったでしょうか」**
○**「この品物でよろしいでしょうか」**

⑨ よく使うビジネスフレーズ

決まり文句は丸暗記して使い慣れておく

来客があったときの「いらっしゃいませ」、電話がかかってきたときの「いつもお世話になっております」などは、もはやビジネスの常套《じょうとう》句《く》のようなもので、定着しています。このようなビジネスフレーズは、日に何度も使う機会があるので、スムーズに出てくるように暗記しましょう。はじめのうちは言いづらい言葉でも、日常的に何度も繰り返して言うことで徐々に板についてきます。

決まり文句ゆえに、無表情だったり暗い声だったりすると、相手に対してそっけない印象を与えかねません。言うときには、声のトーンや表情を明るくし、気持ちを込めて言うようにしましょう。

また、仕事を頼まれたり、依頼を受けたりしたときに「了解しました」と返事をする人が多いですが、これは丁寧でないフレーズです。「承知いたしました」、または「かしこまりました」という言い方のほうが丁寧かつ正しいのです。

ビジネスフレーズはこんなときに！

電話対応

受話器を取って開口一番の「はい、（会社名）でございます」というフレーズにも慣れておく。

接客対応

「いらっしゃいませ」「ありがとうございます」は定番中の定番フレーズ。必ず笑顔で言うこと。

Part 1
Part 2
Part 3
Part 4
Part 5
Part 6
Part 7
Part 8
Part 9
Part 10

慣れておくと便利なフレーズ

お忙しいところ申し訳ございません

相手に話しかけるときに、時間を割かせてすみませんという意味を込めて使う。

只今、お時間よろしいでしょうか

話を始める前に、相手が忙しい状況ではないかを確認するために使う。

お世話になっております

何度も顔を合わせている社外の人に挨拶するときに使う。初対面の人には「はじめまして」。

少々お待ちください

電話を保留にするときや、探しものをするときなどに、相手を短時間待たせるときに使う。

かしこまりました

物事を頼まれたときに、快く引き受けますという意味を込めて使う言葉。

○○していただけないでしょうか

相手にお願いするときに使う言葉。クッション言葉（113ページ参照）をつけると、より丁寧になる。

Part 7　電話とメールのマナー

① 電話かけの基本

明るく心地よい声のトーンで相手に安心感を与える

　スムーズな電話応対は重要なビジネスマナーのひとつです。電話はお互いの顔が見えない分、声が表情として相手に伝わります。

　明るく聞こえるよう、声のトーンはいつもより高めにしてリズミカルに話し、明確な発音で話すようにしましょう。

　また、電話口での開口一番は会社名です。自分は会社の一員だということを意識して、正しい電話応対をするように心がけましょう。

　よく、迷ったり困ったりしたときに「えーっと……」と、言葉に出す人がいますが、電話口では相手を不安にさせ、頼りない印象を与えます。落ち着いて話し、つい口に出すことがないように意識してください。

電話をするタイミング

時間帯を考えて失礼のないように

早朝、夜の就業時間外、昼食時間は、常識的に考えて人が仕事をしていない時間です。相手が自席にいない確率が高いので、電話は控えます。もし、相手からそのような時間にかけるよう頼まれた場合や、緊急な場合は「夜遅くに失礼いたします」など、ひと言添えて話し始めます。

電話をかける環境

ポイント1 姿勢を正しくする

背筋を伸ばしてあごを引き、相手の顔が見えなくても笑顔で話す。正しい姿勢だと自然と声も明るくなる。

ポイント2 デスクがきれい

電話中はメモを取ったり、資料を探したりすることが多いので、整理整頓をしておく。

ポイント3 メモの用意

右利きの場合は、左手で受話器を持ちながら右手でメモを書くのが基本。メモはいつも右側に配置しておく。

ポイント4 静かな場所

周囲の音がうるさいと電話口にも響く。外で工事をしているなら窓を閉めるなど、環境を整える。

NG 1 背中が曲がっている

猫背になっていると声がこもり、相手が聞き取りづらくなる。声色も暗くなるので印象が悪い。

NG 2 デスクが汚い

資料を探すのに時間がかかると相手を待たせたり、何度も聞き返したりなど失礼な態度をとりかねない。

NG 3 周囲がうるさい

大きな物音や私語があると相手の声が聞き取りにくく、電話に集中できない。相手に聞こえている可能性大。

NG 4 ながら電話

キーボードを打ちながら、よそ見をしながらなどの電話は、会話の集中力が欠け、相手にも気づかれやすい。

Part 7　電話とメールのマナー

② 電話かけの実際

応対の流れをつかんで
もたもたせずにやり取りする

自分から電話をかけるときには相手に迷惑がかからないよう、長電話は避けます。つまり、ビジネスで電話をかけるときは短時間で正しく用件を伝えなければなりません。

要領よく電話をするためには準備が必要です。まず、話す内容を簡潔にまとめておきます。伝えたいことをメモに5W2H（100ページ参照）で書き出してからまとめ、説明するときに必要な資料を手元に用意します。

次に、相手の情報を確認することです。会社名、部署名、名前の読み方は間違ってはいけません。一度会ったことがある人物なら名刺を見直し、名刺に相手の特徴を書き込んでいれば、確認しましょう。（66ページ参照）

電話かけの用意ができたら、スムーズに言えるように一度シミュレーションしてみます。実際に電話をかけると、相手が不在だったり、たくさん質問されたりすることがあるので、不安要素への対応を考えておくと安心です。

かける前に Check!

□ 話す用件

お願いすることや連絡することなど、話の目的を5W 2 Hにまとめる。話すときは、結論から言い始める。

□ 名前と電話番号

相手の名刺を見て、会社名、部署名、名前の読み方を確認する。番号のかけ間違いがないようにする。

□ メモを準備

電話中に重要なことをメモできるように、手元にはメモと筆記用具を用意しておく。ペンのインク切れに注意。

電話をかける

先方が出る

「○○株式会社の
田中と申します。
いつもお世話になって
おります」

取り次ぎを頼む

「恐れいりますが、
営業部の佐藤様を
お願いいたします」

相手が出る

「○○株式会社の
田中と申します。
いつもお世話になって
おります」

ポイント2
相手が出たら再度名乗る

目的の相手が電話に出たら自分の名前を告げ、「○○の件でお話したいのですがよろしいでしょうか」と、状況を確認する。

用件を話す

「申し訳ありません。
○○の件ですが、
納品の日程が遅れそう
です。その理由は……」

ポイント3
用件は5W2Hで簡潔に伝える

電話を切る

「今後とも
よろしくお願いいたします。
失礼いたします」

相手から連絡がほしい場合

「ご連絡お待ちして
おります。失礼いたします」

ポイント1
挨拶は臨機応変に

● 社内の人へ

- 午前「おはようございます」
- 午後「お疲れ様です」

● 社外の人へ

- 昼休み中
  「ご休憩中に失礼いたします」
- 20時すぎ
  「夜分に申し訳ございません」

相手が不在

後からかけ直すか、相手にかけてもらうか、伝言を預かるだけでよいのかを判断し、取り次ぎ人に伝える。かけ直す場合は、帰社の時間を聞いておく。

ポイント
取り次ぎ人の名前を聞く

伝言を伝え忘れられるという最悪のケースも考えられる。念のために名前を聞いておくと安心だ。

電話を切る

「3時頃にかけ直します。
よろしくお願いいたします」

伝言を頼む場合

「お伝えくださいますよう
よろしくお願いいたします。
失礼いたします」

③ 電話を受けるルール

相手を待たせてはダメ
3コール以内に出るのが暗黙のルール

電話の取り次ぎはお客様を担当者のもとまでご案内するようなものです。かかってきたらすぐに電話に出て、スムーズに応対しましょう。

電話の呼び出し音が3回鳴るのにはおよそ10秒かかります。そのため、3コール以内に受話器を取るというのは、相手を待たせないための気配りなのです。

同様に、電話中に長く保留にすることも相手を放っておくことになるので失礼になります。もし、相手から「この件に関して調べてほしいのですが……」と言われ、すぐに答えられない場合は「わかり次第、こちらからかけ直します」と答え、一度電話を切るというような臨機応変に応対しましょう。

電話を受けるときの5原則

- その1　呼び出し音が鳴ったら3回以内に取る
- その2　会社の代表という意識を持って受け答えする
- その3　敬語を正しく使い分ける
- その4　人名、場所、時間などは聞き間違えないように
- その5　相手が誰であっても挨拶をする

3コール以内に電話に出る

「はい、山下商事　営業部（の田中）でございます」

すぐに受話器を取る。一拍あけてから明るい声で会社名と部署名を言う。会社によって名前まで言う場合もある。

相手が名乗ってから挨拶する

「こちらこそ、お世話になっております」

初めてかけてきた人なのか、よくかけてくる人なのかわからなくてもきちんと挨拶をする。

担当者の名前を聞き、取り次ぐ

「かしこまりました。少々お待ちください」

相手の会社名と名前を復唱して確認する。担当者に内線をつなぐため、少し待たせることの了承を得る。

ここで保留ボタンを押す

自分の場合

「はい、わたくし田中でございます」

名前を名乗り、応対する。用件を聞き、調べることに時間がかかるならかけ直すことを伝える。

担当者へかわる

「田中部長、○○商事の山田様よりお電話です」

保留中に、かけてきた相手は誰なのかを担当者へ伝える。お互いが話し始めたら取り次ぎは完了。

担当者が不在の場合

「あいにく田中は○○中でございます。こちらから連絡を差し上げるようにいたしましょうか」

相手がかけ直す場合

「それでは電話があったことをお伝えいたします」

伝言がある場合

「伝言を承ります」

伝える内容をメモに書き、復唱する。相手の名前と電話番号も確認する。

担当者の状況を伝える

外出中　「申し訳ございません。田中は只今外出しておりまして、午後3時には戻る予定になっておりますが」

電話中　「申し訳ございません。田中は只今、電話中でございます。お急ぎでしょうか」

④ 電話メモの書き方

どんな用件の電話があったのか正確にわかるように記す

担当者の不在中に預かった伝言は、正確に伝えなければなりません。

メモを取るときには、日付や数量、時間といった数字は絶対に聞き間違いがないよう、必ず復唱して相手に確認しましょう。このとき、相手の会社名、部署名、名前も忘れずに確認します。

担当者へのメモは、電話中に走り書きしたものを直接渡してはいけません。「いつ」「誰から」「どんな用件」というポイントがすぐにわかるよう、一枚のメモにまとめてきれいな字で書き直します。

書いたメモを確実に見せるまでが取り次ぎの仕事です。紛失したり、相手が気づかなかったりすることがないように十分気をつけましょう。

「メモ＋確認」で確実に伝える

電話メモを置くだけでなくひと声かけて

書いたメモをそのまま机に置くだけでは、ほかの資料に混ざる恐れがあるので、相手が確実に気づくように工夫します。メモは電話やパソコン画面などの目立つ所に貼るのがおすすめです。相手が自席に戻ったら、電話があったことを口頭でも伝え、二重報告すれば確実です。

誰宛のメモか

担当者の名前を書く。大きく見やすい字で書くようにする。

いつの電話なのか

日付と時間を記入する。かけ直すべきかという判断材料になることもある。

相手の名前と社名

名前の漢字がわからない場合は、カタカナで表記するほうがよい。

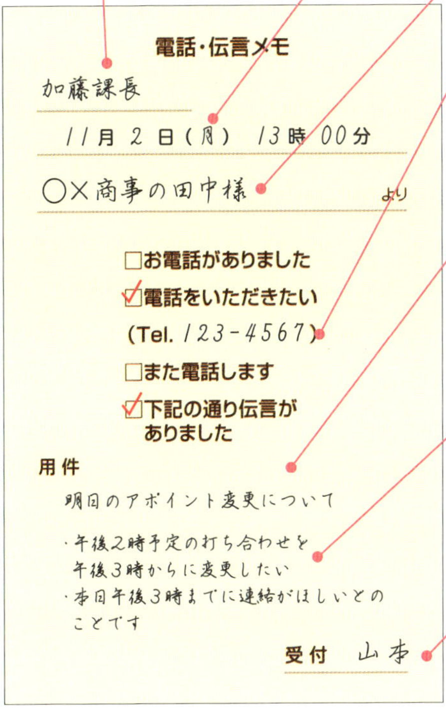

電話・伝言メモ
加藤課長
11月 2 日(月) 13時 00分
○×商事の田中様
より
□お電話がありました
☑電話をいただきたい
(Tel. 123-4567)
□また電話します
☑下記の通り伝言がありました
用件
明日のアポイント変更について
・午後2時予定の打ち合わせを午後3時からに変更したい
・本日午後3時までに連絡がほしいとのことです
受付 山本

折り返しの連絡先

電話番号は走り書きのメモから書き写すときに間違わないように注意する。

用件に見出しをつける

どんな用事で電話してきたのかがひと目でわかるように一番上に書く。

内容は箇条書き

要点をまとめて書く。数字や日付などは間違わないようにすること。

伝言を受けたことに責任を持つ

自分の名前を大きく書き、電話を受けたことを知らせておく。

NG

なぐり書きのメモはダメ

メモは人が見るものなので、自分にしか解読できないような字では失礼だ。読み間違うと伝言が正確に伝わらず、意味がない。意識してきれいな字で書くようにし、クセのある書き方やわかりづらいマークをつけるのは避ける。

電話応対の常套《じょうとう》句《く》

電話中に困った状況になっても、悩んでいる暇はありません。適切な受け答えができるようにさまざまなケースの言葉を覚えておきましょう。

ケース1 聞き返すとき

「恐れいりますがもう一度
おっしゃっていただけますか」

「少々お電話が遠いようなので
恐れいりますが
もう一度お願いいたします」

ケース2 用件がわからない

「申し訳ございませんが、
詳しくわかる者（担当者）と
かわりますので、
少々お待ちくださいませ」

ケース3 部署が違う

「恐れいりますが、
担当の部署が違いますので、
おつなぎいたします。
少々お待ちくださいませ」

ケース4 書類を調べる

「只今お調べいたしますので
少々お待ちいただけます
でしょうか」

ケース5 時間がかかりそう

「少々時間がかかりますので、
改めてこちらからお電話を
差し上げたいと思いますが、
いかがでしょうか」

ケース6 相手の話をさえぎる

「お話中、
まことに失礼でございますが…」

ケース7 質問に答えられない

「申し訳ございませんが、
私ではわかりかねますので、
係の者とかわります。
少々お待ちくださいませ」

電話でのQ&A

Q1 取り次ぐ相手がわからない

A 質問して探りあてる

何に関係がある人物なのかを質問しながら探る。関係のある部署へ用件を伝えて取り次ぎ、対応してもらう。

● 質問すること

①フルネーム　②性別　③部署
④話の用件

Q2 間違って電話を切った場合

A 改めてかけ直し、謝る

すぐに相手に電話をかけ直す。「先ほどは失礼いたしました」と謝り、改めて電話の用件を聞いて会話を始める。

Q3 担当者が長期入院などで不在の場合

A 状況を説明して対応をたずねる

ほかの人が仕事を請け負っているということが多い。担当の部署に取り次いでたずね、代理の人がいれば対応してもらうとよい。

Q4 クレームの電話がかかってきた

A 謝って原因を聞き、上司へ報告

まずは謝罪をする。「担当者にかわれ」と言われても丸投げするのではなく、理由を聞き、担当者に何について怒っているのかを説明してから取り次ぐ。

⑤ 携帯電話のビジネスルール

必須アイテムの携帯電話は気配りをして有効に使う

いつでも連絡ができる便利さから、今や携帯電話はビジネスに欠かせないアイテムとなっています。会社支給の携帯電話を持っている人も多いでしょう。ただし、基本的には社内の固定電話がメイン、携帯電話はサブという意識を持って使ってください。

ビジネスで携帯電話を持つ目的は、外出するときに社内の人と連絡を密にするための手段です。急な用事があるときにのみ使います。そのため、社外の人にむやみに番号を教えたり、また、相手の番号をこちらから聞いたりはしません。ただし、相手と外で会う約束がある場合には、連絡先を交換しても構いません。

会社支給の携帯電話をプライベートな会話に使うのはもちろん禁止ですが、私用の携帯電話であっても就業時間中は許されていません。休憩時間、また緊急時は上司にひと言断ってからかけます。

また、電源は着信音が出ないように、マナーモードに設定しておくのがルールです。

携帯電話の役割を正しく知る

メリット	デメリット
・その場ですぐにかけられる ・時間を有効に使える	・守秘性に欠ける ・電波がつながりにくいことがある

携帯電話を正しく使えているかCheck!

□ プライベートな会話はしない

ビジネス連絡用として使う

会社支給の携帯電話の場合、通話料は会社もちだという意識をもち、報告や連絡にのみ使用する。

□ 業務時間以内にかける

時間帯を考えて電話をする

早朝や深夜に電話をかけることは相手に失礼なので、必ず就業時間内にかける。

□ 重要な話はしない

情報が漏れる可能性がある

仕事に関する重要な話、メモを取らなければならないような複雑な話は不向き。

□ よくかける番号はメモリー登録

約束に遅れた場合の対策に

よく連絡をとる上司や先輩、約束をしている人などの番号は登録しておくとすぐにかけられる。

□ 静かな場所でかける

落ち着いて話をする

人混みの中や大きな物音のする場所は、内容を聞き漏らす可能性がある。

□ マナーモードにする

公共マナーは最低限の常識

電車の中や運転中はマナーモードにするのが常識。普段から設定しておくと安心だ。

⑥ 携帯電話のタブー

複雑な内容を話すときは改めてかけ直す

携帯電話を日常的に使っていると、知らず知らずのうちに気配りを忘れがちです。

許可をとらずに勝手に人の電話番号を教える、相手が忙しいのに容赦なく話を始めるなど、こちらの都合を優先するような行為はいけません。

また、通話中に話が弾むと必要以上に大きな声になる人がいます。相手を驚かせたり、情報が漏れたりする心配があるので、気をつけましょう。

情報流出は会社の大きな問題に発展しかねません。商談などは携帯電話ではなく、直接会って話すか、会社に戻って固定電話からかけ直します。相手の携帯電話にかける場合も、内容は帰社後に改めて連絡する旨を伝えるだけにとどめましょう。

打ち合わせ中の携帯電話

机に置いて打ち合わせするのは気持ち半分に感じられる

打ち合わせ中、携帯電話はバッグにしまっておくのがマナーです。机の上に置いていると、話に集中していないような印象を持たれます。あらかじめ電話がかかってくることがわかっている場合は、「電話がくる可能性があります」と、相手にひと言伝えておきましょう。

かかってきたときのタブー

電車の中、商談中、周囲がうるさいというときは電話に出ず、後から静かな場所へ移動してかけ直す。

× 大声で話す

情報が漏れる恐れがある。普段どおりの声で十分相手に聞こえる。

× 電波が悪いのに話し続ける

会話が途切れ途切れになると、誤解の原因に。電波のよい場所に移ること。

× メモを取らない

相手が日程や電話番号を言う場合は、手元にメモを用意する。

相手にかけるときのタブー

基本的には会社の固定電話にかけるのがマナーだ。もし、携帯電話にかける場合は相手の都合が最優先となる。

相手の携帯電話にかけてもよいとき

- 本人からかけてほしいと言われたとき
- 先方の会社の人からかけるよう言われたとき
- 会社に不在で緊急の用事があるとき

● 話を始める前にひと言確認をとる

相手が電話に出たら、「只今、ご都合はよろしいでしょうか」と状況を確認する。忙しい場合はかけ直す。

↓

「お話してもよろしいでしょうか」

× 突然本題をはじめる

どんな相手でも、都合の確認と挨拶は必須。メモする余裕も与えること。

× 結論を迫る

相手にも準備があるので、判断や結論を求めるときは後から連絡をしてもらう。

× 非通知でかける

誰からの電話なのかわからないと不審に思われるので、番号表示の設定にする。

⑦ ファックスの賢い使い方

電話口で説明すると
ややこしい内容はファックスで

最近はファックスの役割をメールが担うことが多く、使う機会が減ってきていますが、ときに必要になります。

数枚の資料を一部送る、電話口では伝わりづらい地図の説明をする、相手にプリントアウトの手間をわずらわせたくないといった場合に、やはりファックスは便利です。ただし、第三者に見られる可能性があるので、機密事項が書かれた文書は送らないようにしましょう。

ファックスを送るときには必ず「送信票」をつけます。送信票とは日付、宛先、用件、連絡先などを一枚の紙にまとめたものです。たいていの会社には規定の送信票があるので、それに必要事項を書き込めばよいでしょう。

ファックスはエラーだったり、ほかの書類と混ざったりする危険があるので、送る前に電話で「今からお送りいたします」と伝え、送信後しばらくしてから届いたかどうかを電話で確認し、確実に相手の手元に届くようにします。

ファックスの役割を正しく知る

メリット	デメリット
・説明しやすい	・守秘性に欠ける
・郵送より早い	・相手も持っていないと送れない
・理解されやすい	・大量に送れない

ファックスの送り方

送信票書き方の例

FAX送信票

20××年　2月 5日

○×株式会社
営業部　田中 正 様

送付枚数2枚（本紙を含む）

＜発信元＞
担当　株式会社△△　山田 明
電話　00-1234-5678
FAX　00-0000-0000
住所　〒000-000
東京都千代田区○○○-□□
Email ×××××@aaa.co.jp

商品のお見積もりの件

平素は格別のお引き立てにあずかり、
厚くお礼申し上げます。
上記の用件につきましてお送りいたしますので、
どうぞご確認ください。
よろしくお願いいたします。

宛先

送る相手の会社名、部署、名前を大きく記入する。漢字は間違わないように。

日付・枚数

送信票を含め、合計で何枚送るのかを確認のために記入しておく。

自分の連絡先

不明点があったときに連絡してもらうため、担当者の連絡先を明記する。

用件・内容

送る文書の内容はおおまかにいうと何なのかを伝える。内容は挨拶から始める。

送る前のCheck!

ファックス原稿の準備ができたら、次の事柄を確認する。電話で送る旨を伝え、送信ボタンを押す。

- □ 文字は濃くて読みやすいか
- □ 送信票はつけているか
- □ 送付枚数を明記しているか
- □ ファックス番号は正しいか
- □ 相手の環境は整っているか

送った後のCheck!

送ってしばらくしたら、相手に電話をかけ、次の事柄を確認する。送りっぱなしにしないこと。

- □ 受信枚数はそろっているか
- □ 文字は解読できるか
- □ 本人が受け取ったか
- □ エラーになっていないか
- □ 見た後は破棄か保存か

⑧ メールを有効に使う

トラブルが起こらないように慎重に扱う

メールはいつでも送れて、都合のよいときに見られるので、今やビジネスに欠かせない伝達手段となっています。

文書、画像、映像を送ることができるのはもちろん、データの保存、プリントアウト、編集などが自由にできるので、仕事が格段にスムーズに進みます。

メールでも相手への気配りが大切です。次の３つのことを守り、正しいマナーを身につけましょう。

①出社したら夜のうちに送られてきたメールを確認し、返信します。毎朝日課にするとよいでしょう。

②メールを送っただけでは、不十分です。相手が見ない可能性があるので、必ず電話をかけて送信したことを伝え、連絡ミスを防ぎましょう。開封確認メールの設定をしておくのもひとつの手です。

③電話ですむ用件や相手が近くにいる場合は、わざわざメールは送りません。逆に時間がかかったり、コミュニケーション不足になります。

メールの役割を正しく知る

メリット	デメリット
・すぐに送れる	・送信ミスが起こりやすい
・映像や画像もOK	・感情が伝わりにくい
・海外にも送れる	・セキュリティーに欠ける

メールでのマナーCheck

だらだらとした長文はダメ

読みにくい文章はダメ。相手に伝えたい内容を5W2H（108ページ参照）にまとめ、なるべく短い文面にする。

ウイルス対策はしっかりと

ウイルスソフトを使い、感染しない対策をする。怪しいメールや不審なサイトは開かない。

返信はすぐにする

出社・退社時、昼食後などメールチェックは時間を決めて確認するようにしたほうが効率がよい。

アドレス登録には「様」をつける

アドレス登録する際、フルネーム表示だと、相手のパソコンにそのまま表示されることがあり、呼び捨ての印象を与える。

誤字・脱字はないか

タイピングや変換をするときの誤字脱字は、意外と気づきにくい。送る前には必ず読み直して確認をする。

署名は名刺と心得る

署名設定の機能を利用すると、毎回メールの文面の最後に自分の連絡先を自動で明記できる。

Part 7　電話とメールのマナー

⑨ メール作成の基本

ビジネスメールの文面は
わかりやすく簡潔に表記する

絵文字や若者言葉を使った自由気ままな私用メールとは違い、ビジネスメールは相手が読みやすいように工夫をしなければなりません。

基本的には「挨拶→用件の結論→詳細・説明→まとめの言葉」という順序に組み立てるとスムーズです。ただし、文面が無機質になることもあるので、最後に「今日も１日、元気にお過ごしください」など、気の利いたひと言を添えるとよいでしょう。

書き終えたら必ず読み直してください。日付や金額などの数字に間違いがないか、添付ファイルを忘れていないかなど再度確認します。また、あせってタイピングしたために「よろいくお願いします」など、恥ずかしい誤字脱字をすることもあるので、注意してください。

送る前にCheck!

- □件名が正しく入っているか
- □添付ファイルは入っているか
- □誤字・脱字はないか
- □他人に見られてもよい内容か
- □日程や日時など記入漏れはないか

メールの送り方

メールの書き方の例

① 宛先

相手の名前をアドレス登録するときには「会社名＋個人名＋様」とする。

② CC

CCはカーボンコピーの略。同じメールをほかの誰に送ったのか表示される。BCCはブラインドカーボンコピーの略で、ほかの誰に送ったのかを隠す機能。

③ 件名

「会議の日程です」など、内容がひと目でわかるようなタイトルにする。

④ 添付

相手が受信できるデータの容量、ファイル形式を確認しておくこと。

⑤ 内容

結論から始め、途中で改行しながら詳細を入れて見やすい文章にする。

⑥ 署名

連絡先が自動的に表示されるように設定しておくと、毎回書かなくてよい。

---

❶ 差出人　ABAB商事　山田　明 <yamada@ooooo.co.jp>

宛先　株式会社AAAA 下山様 <shimoyama@******.co.jp>

❷ CC　ABAB商事　田中様 <tanaka@ooooo.co.jp>

件名　新商品の資料の件 ❸

添付　商品資料.pdf ❹

株式会社AAAAA
下山様

❺

いつもお世話になっております。
ABAB商事の山田です。

先日は、新発売の商品
「○○」につきまして
お問い合わせいただき
誠にありがとうございました。
早速資料を送らせていただきます。
添付いたしますので、
ご確認いただけますでしょうか。

ご不明な点がございましたら、
何なりとお申しつけくださいませ。
どうぞよろしくお願いいたします。

❻

++++++++++++++++++++++++++++++++++++
ABAB商事
広報担当　山田　明
〒000-0000　東京都千代田区○○○○○-○○
TEL　00-0000-0000
FAX　00-0000-0001
E-mail　yamada@ooooo.co.jp
http://www.aaaaaaaaaaaaaaaaaaaaaaa
++++++++++++++++++++++++++++++++++++

添付ファイルについて

文書を送る	Wordの文書、Excelの表計算などを送るときは、ファイル名をわかりやすい名称にする。
画像を送る	撮影した写真などを送るときは、画像のサイズを確認して枚数を分けるか縮小して送る。
映像を送る	容量が大きいときは、ファイルアップサーバを利用し、相手にダウンロードしてもらうとよい。

⑩ クレームメールへの対処法

放っておくのはもってのほか
真摯に受け止めて早めに対応を

　クレームがメールできたら、なるべく早く対応します。時間が経てば経つほど、送ったほうは「無視された」と感じ、余計に怒りが募ってくるからです。

　まず、クレームメールを確認したら、自分で判断せずに上司へ相談し、判断を仰ぎます。相手が取引先の人など、連絡先を知っている人なら電話をして直接謝罪し、匿名メールできたなら返信メールを送ります。

　謝罪するときは、素直に謝り、今後の対応策を具体的に説明しましょう。どんな場合でも、その場しのぎで嘘をついたり、いい加減なことを言ったりするのは厳禁です。

　クレームの中には正当な訴えでなかったり、単なる誤解だったりすることもあります。説明や謝罪を丁寧にするなどのちょっとした気配りで穏便にすむケースもあるので、対応には注意してください。

　また一方で、クレーム内容は相手の率直な意見とも考えられます。会社をよくするための情報だと捉え、受信した日時と内容などを控えておくとよいでしょう。会議など全体で話し合う機会があれば今後の改善に役立てましょう。

Check!

クレームメールの処理ポイント

01
すぐに対応

02
原因究明する

03
自分で判断しない

自分に否がある

対応が悪かったなど、自分の行動が原因なら、上司へ報告後、自ら謝罪の電話をかける。

会社に否がある

上司が謝罪の電話をすると、誠実な対応とみなされ、相手が納得してくれることもある。

付き合いの深い人からのクレームメール

STEP 1

すぐに上司へ報告

届いたメールを直属の上司へ見せる。自分の言動がクレームの原因なら、包み隠さず報告する。

STEP 2

謝罪の電話をする

早めに相手へ電話をして謝罪し、不快にさせたことに対してお詫びする。「わかりません」など責任逃れはNG。

STEP 3

問題解決後は今後の対策を立てる

返信はすっきりとした文面に

① 謝罪のひと言
② 意見に対しての感謝文
③ 今後の対応策

お客様から匿名できたクレームメール

STEP 1

すぐに上司へ報告

上司へ判断を仰ぎ、なるべく早く返信する。いたずらメールの場合もあるので、自己判断して返信しない。

STEP 2

メール文を作成

謝罪や今後の対応策とともに、「貴重なご意見ありがとうございます」という、お礼も込めた文面にする。

STEP 3

必要であれば社内全体へ報告し、会議で対策を練る

⑪ はがきの有効な使い方

季節の挨拶や案内状など社交儀礼の文書は、はがきが基本

普段はメールや電話でのやり取りに慣れているかもしれませんが、改まったシーンでは手紙や書状などの社交儀礼文を送るのが礼儀です。丁寧で心の込もった一枚になるよう正しい書き方を覚えておきましょう。

年賀状、季節の挨拶状、恒例行事の案内状などの短い文面には、はがきが向いています。はがきは漢字で書くと「端書」や「葉書」となり、メモ程度のものという意味です。本来、目上の人に対して送るのは失礼にあたるので、お礼状を送る場合は封書を用いるのがマナーです。

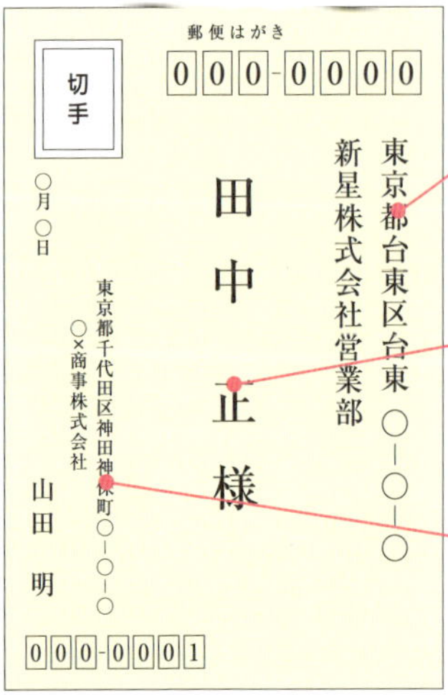

はかきの表書さ

住所

右上からまっすぐ縦に書き始める。2行になる場合、区切りのよいところで改行し、一文字下げて書き始める。

宛名

氏名は中央に大きく書く。住所の書き始めよりも一文字分下げた位置で書き始める。会社名は住所寄りに書く。

差出人

住所と氏名はなるべく切手の横幅に収まるように小さく書くと、全体のバランスがよい。

喜ばれるはがきのルール

ルール1 第三者に見られる可能性も考える

相手が読みやすいようにきれいな字で書き、文面は人に見られても困らない内容にする。相手から返事を求める場合は、往復はがきを用いる。

はがきを出すのはこんなとき

- 季節の挨拶、お知らせ
- 見舞い（暑中見舞い）
- 年賀状
- 旅行先から など

ルール2 見て楽しめるはがきを用意しておく

無地の郵便はがきでも構わないが、簡素なイメージなのでイラスト入りのものなど、受け取った相手に喜ばれそうなものを用意し、場面によって使い分けるとよい。

● 無地のはがき

どんな内容の文にも対応できるので、必ず数枚は持っておくとよい。

● 写真つきはがき

絵はがきや、自分で撮影した写真をプリントしたはがきなどは、想い出にもなる。

● 季節のイラスト

さくらや海などのイラストは、季節感を与えるので時候の挨拶に最適だ。

ルール3 全体のバランスを考えて書く

ビジネスで送るはがきは、縦書きが基本。文字の大きさがばらばらだったり、曲がったりしていると相手が読みづらいので、適度に文字幅を空けること。

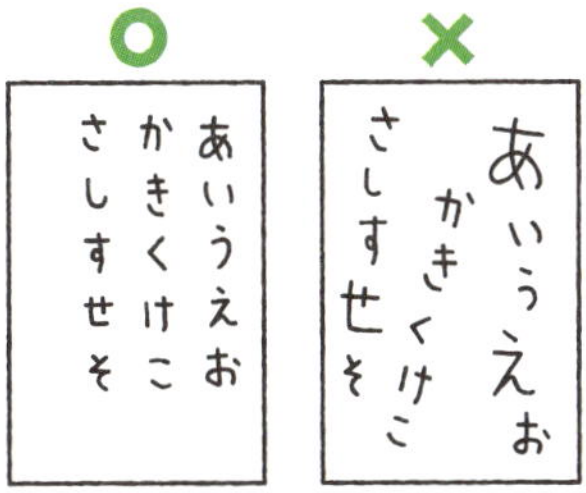

POINT

切手にも気を使うと一目置かれる

簡素な文面なら素敵な柄入りの切手を貼るといった、細かな気配りをするだけでも印象が全然違う。限定で発売される記念切手シートは、季節や時期によってさまざまな絵柄が入ってるので、買っておくとよい。

⑫ 封書の有効な使い方

お礼状はだらだらせずに すぐ送るのがマナー

　お世話になった人へのお礼状、長い文面の案内状を送るときには封書を使います。

　基本的に文面は頭語→時候の挨拶→主文・末文→結語の順（218ページ）に書くとわかりやすく、無難です。

　ただし、資料を送るときなどにひと言添えるちょっとした手紙なら、形式どおり書かなくてもよいでしょう。すぐに使える素敵な一筆箋や封書などを事前にそろえておくのもマナーのうちなのです。

封筒の書き方

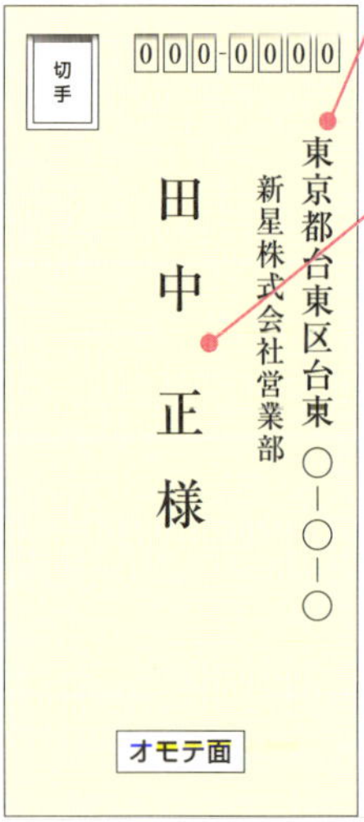

宛先

郵便番号の枠から1㎝ほど下から書き始め、縦にまっすぐ書く。

宛名

相手の会社名は「(株)」略さずに書く。住所よりもひと回り大きな字で。

日付

送る日付を右上に書く。漢数字で縦書きにし、小さめに記す。

差出人

左下側に住所と氏名を縦書きに記す。左面だけに収まるように書く。

封

テープではなく、のりで封をする。封じ目に「〆」と書く。

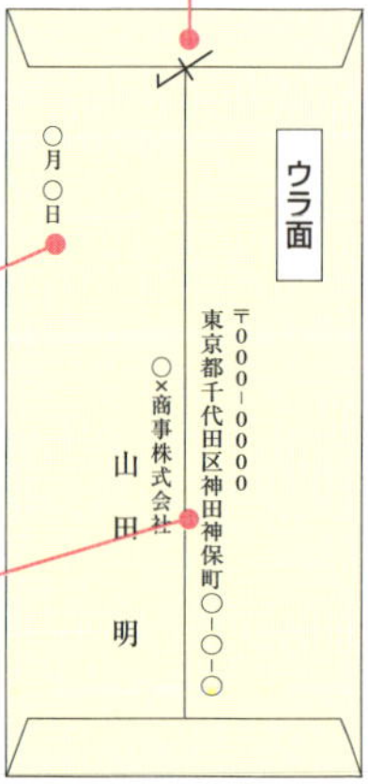

喜ばれる封書のルール

ルール1
お礼状は3日以内に送る

仕事でお世話になった、贈り物をいただいたなどの後は、すぐにお礼状を書いて送るのがマナー。数日経ってからでは遅い。

封書を送るのはこんなとき

- 仕事でお世話になったとき
- 商品、資料などを送るとき
- お願いごとをするとき
- 目上の方への便り など

ルール2
封書は普段から用意しておく

● 季節の柄の一筆箋

資料を送るときなどに短い挨拶を添えるのに使える。季節感のあるイラストが入ったタイプがよい。

● レターセット

老若男女を問わないシンプルな柄のものがよい。洋封筒なら宛名は横書きにする。

● カード

素敵な柄でコンパクトなカードはいくつか準備しておくと安心。見た目が楽しく喜ばれる。

ルール3
社名入り封筒とシールを活用する

業務に関する文書を送るときは、基本的に社名入り封筒を使う。社名入り封筒がない場合、会社の住所が印刷されたシールを貼ると便利。

POINT

シールシート

シールシートに住所、会社名、部署名、連絡先を印刷し、封筒の中央に貼ってもよい。

Part 8　社外でのマナー

① 訪問するときの心構え

アポイントメント（面会の約束）をとることが訪問の第一歩

仕事の打ち合わせなどのために他社へ訪問する場合は、事前に相手へ電話をし、アポイントメント（略してアポイント）をとっておき、準備をして行きます。

アポイントとは、面会の日時や場所を決めることです。このときに、所要時間や同行する人数など伝え、必要な資料をメールかファックスしておくと、当日、スムーズに話が進みます。アポイントをとらずに突然訪問すると、相手の仕事を中断させることになり、大変失礼です。

訪問日が決まったら、場所までの行き方を調べる、持っていく資料を作成する、手土産を買うなどの準備をします。あわてることがないよう、数日前から用意しましょう。

Q アポイントをとっていないが訪問してよいか？

A 受付で名刺を渡して取り次ぎをしてもらう

挨拶回りや資料を渡すだけなどのすぐにすむ用件なら、相手の負担にならないので訪問しても構いません。受付で名乗り、用件を伝えて取り次ぎを頼みます。不在中や断られた場合は、受付に名刺を渡しておきます。

訪問の五原則

① アポイントは早めにとっておく

② 身なりは正しくする

③ 忘れ物をしない

④ 道順や電車の乗換えなどを調べる

⑤ 約束の10分前に到着する

アポイントのとり方

目的を伝えて日程を決定する

相手に電話をして面会の用件を伝え、日時と場所を決める。企画書や必要な書類などがあったら、ファックスやメールで事前に送っておく。

電話でCheck

- □訪問する用件
- □所要時間
- □日・時間・場所
- □訪問人数
- □持っていくもの など

会話例

①「○○の件でお伺いしたいと思います。時間は15分ほどなのですがいかがでしょうか」

OKなら

②「それでは、ご都合のよい日にちとお時間を教えていただけますか」

会う前日

アポイントに変更はないか

アポイントをとった日と訪問日が離れている場合、前日に変更がないかを電話で確認する。「明日はどうぞよろしくお願いいたします」のひと言を忘れずに。

② 訪問するときのルール

時間内に終わらせるために訪問の流れをつかむ

　他社を訪問するときには、お互いにとって充実した時間になるよう次のことを守り、スムーズな行動を心がけます。

①遅刻をしない
②忘れ物をしない
③身だしなみを整える
④所要時間内に終わらせる

　事前に伝えていた所要時間をオーバーすると相手の予定が狂うので、話は時間内に終わらせなければなりません。事前に話の段取りを決め、余裕を持って終わるように予定を立てておくと、当日スムーズに進めることができるでしょう。帰りを切り出すのは訪問者からが基本ですから、用件がすんだら、無駄話などをしてだらだら長居せず「そろそろ、失礼いたします」と言って帰ります。

Q 遅れそうなときはどうすればよい？

A 早めに連絡をして相手の都合を聞く

電車の遅れなどで遅刻するなら、わかった時点で先方へ連絡しましょう。遅くても10分前には電話をして謝り、相手のスケジュールに支障がないかたずねます。到着時間は余裕を持って伝え、二重に遅刻しないようにします。

企業訪問の基本の流れ

受　付

● **会社名と名前を名乗り、取り次いでもらう**

「A社の田中と申します。
午後2時に山田様に約束を頂いておりますが、
取り次いでいただけますか」

ポイント
建物に入る前に身だしなみを整え、明るい声で挨拶をして名乗る。社内を見回すのはNG。

案内される

応接室に到着

● **担当者が来るまでに準備をして待つ**

このときにすることは…

・身だしなみの確認
・資料をそろえる
・バッグを足元に置く
・名刺入れを用意する

ポイント
いつ担当者が入室してきても大丈夫なように準備をしておく。

担当者を待つ

打ち合わせスタート

● **段取りを決めて話を進める**

① 挨拶＆名刺交換をする
② 少し雑談をして場を和ませる
③ 本題に入る
④ まとめに入る
「それでは、そのように企画を進めます」
⑤ 帰る

ポイント
訪問側から切り上げること

時間内に終わらせる

帰　社

● **「只今、戻りました」と言い、上司へ報告**

③ 個人宅への訪問

少し遅れて到着するのが暗黙のルール

個人宅を訪問するときは、相手のプライバシーに配慮してふるまうことが重要です。

まず、時間に配慮します。アポイントをとる際は、早朝、昼食時、夜遅い時間を避け、平日の日中を選びましょう。訪問当日に約束より早い時間に着くと、相手があわてるので、2～3分ほど遅れるくらいがちょうどよいです。

次に、行動に配慮します。誰でも家の中には他人に見られたくないものがあるはずです。部屋内を見回す、勝手に物に触れるなどは相手が不快に思うのでやめましょう。通された部屋以外は入らないようにし、お手洗いへ行きたいときは、ひと言断ってから案内を頼むようにします。

相手の家が和室なのか洋室なのかは実際に行ってみなければわかりません。どちらの場合でも対応ができるように、事前に正しいふるまい方を確認し、自然にできるようにしましょう。

Check!

個人宅へ向かう前にすること

靴下やストッキングはきれいなものを

足の裏が汚いと、室内を汚すことになる。靴の中敷もきれいかどうか確認しておく。

訪問1時間前に電話をする

アポイントをとっていても、突然都合が悪くなることがあるので、直前に連絡を入れる。

手土産を持っていく

相手の家族構成を考慮して適した品物を選ぶ。部屋に通されてから相手に渡す。

訪問宅での注意

玄関先で

インターフォンを押して会社名と名前を名乗り、相手が出てくるのを待つ。出てきたら、玄関先で再度丁寧に挨拶をする。靴をぬぎ、相手の案内に従って入室する。

マナー Check!

くつをぬぐ

❶

つま先を前に向けたまま靴を脱ぎ、床に上がる。

❷

床にひざを着き、靴のかかと側をそろえて持ち、つま先を外側へ向ける。

❸

中央ではなく、端のほうに寄せ、そろえて置く。

部屋に招き入れられたら…

和室の場合は、座布団に座る前に挨拶をする。洋室の場合は、立って挨拶をしてから着席する。用がすんだら、こちらから「そろそろ失礼します」と帰りを切り出すこと。

マナー Check!

洋室でいすに座る

❶

いすの下座側に立つ。いすの前に移動し、両足をそろえる。

❷

片足を少し後ろに引いて浅く腰を下ろし、静かに引く。

和室で座布団に座る

❶

座布団の下座側に正座する。ひざを座布団へ移動する。

❷

座布団の中央に移動する。ひざの上に手をのせる。

Part 8　社外でのマナー

④ 接待の基本

相手を喜ばせるために もてなしを大切にする

「接待」と言うと堅苦しいイメージですが、要は仕事でお世話になったお礼や、今後の仕事をうまく進めるための懇親が目的です。

若手社員のうちは参加することが少ないかもしれませんが、準備を手伝う機会があったら、上司や先輩がどのようにしているのかをよく見ておきましょう。

接待は相手を喜ばせることがなによりも大切です。相手への申し込み、店選び、予約、接待中の対応など常に気配りを心がけましょう。

接待するときの心構え

ホストに徹する

お迎えから見送りまで、スムーズな接待ができるようにスケジュールを立てる。

雑用をこなす

食べ終わった料理の皿をまとめる、追加する注文を伝えたりなどは積極的に。

盛り上げる

会話をするときには相手が興味を持ちそうな話題を選ぶ。話しすぎない。

無理強いをしない

断られた申し込みを何度も打診したり、二次会を無理に誘ったりは失礼になる。

接待の基本の流れ

①接待の申し込みをする

約1か月前から相手に打診し、メンバーを決める。日程は、先方の忙しい時期を避けて決める。

②店の予約をする

店選びは先方の好きな料理、収容人数、交通の便、予算などを考慮し、一度行って確かめてから予約する。

③前日までの準備

決定した日時、集合場所、店を参加者全員へ連絡する。手土産の準備、車の手配、二次会の店チェックなどの準備も。

④出迎え

待ち合わせ場所には約10分前に到着し、相手を待つ。車で迎えに行く場合は、予定到着時刻を電話で伝えてから行く。

⑤接待する

会話を盛り上げたり、お酌を積極的にしたりなど、失礼のないようなふるまいを心がける。

⑥見送り

お土産があれば渡してお礼を言う。タクシーなら車が見えなくなるまで、電車なら駅まで見送りをする。

ここに気をつけて

日頃のお世話に対しての感謝の場。見返りを求めてはダメ

「接待させていただきたいのですが……」ではなく、「今度、ぜひお食事でもいかがですか」と、仕事と切り離した誘い方をする。

ここに気をつけて

相手の嫌いな料理が出てくる、店員の態度が悪いなどは最悪

事前に店に行かないと、料理がおいしくなかったり、雰囲気が悪かったりすることがある。期待外れにならないために、確認が必要だ。

ここに気をつけて

最後まで責任を持ってもてなし、締めくくる

接待での細かなルール

① 接待の申し込みをする

やるべきことは…

・上司の許可を得てから誘いの電話をする

・先方の都合を優先して日程を決める

・誘うときは**「お食事でもいかがですか」**と遠回しに言う

NG

- **無理強いをする**
- **見返りを求める**

② 店の予約をする

やるべきことは…

・上司や先輩の意見を参考にする

・インターネットで検索した店、話題の店、行ったことのある店などをリストアップ

・スムーズに案内できるよう店を下見する

NG

- **自分が行きたい店**
- **チェーン店**
- **先方が嫌いな料理**

③ 前日までの準備

やるべきことは…

・費用の準備

・参加者に日程、店の場所、集合場所などを連絡する

・お土産の準備

・二次会に使えそうな場所を下調べする

お土産は相手の家族構成を考える

持って帰りやすい大きさのもので、高価すぎないものがベスト。相手が独身ならたくさん入ったお菓子などは避ける。

④ 出迎える

やるべきことは…

- 身だしなみを確認する
- 早めに集合場所へ到着する

⑤ 接待する

やるべきことは…

- 相手の話をよく聞き、会話を盛り上げる
- お酌は進んで行う
- 席次を守る（176ページ参照）
- 相手に気づかれないように支払いをする
- お土産を渡す

NG

自分が楽しんだり酔いつぶれたりする

勧められるがままにお酒を飲んで酔っ払うと、先方に迷惑をかけるので、セーブして飲む。

二次会を無理強いする

「この後、いかがいたしますか」と聞き、二次会へ行くかどうかは相手の気分次第にする。

支払いはスマートに

トイレに立ったふりなどをして支払いをすませると、相手に気づかれずスマートだ。

⑥ 見送り

やるべきことは…

- 相手が見えなくなるまで見送る

● 電車の場合

駅の改札口まで見送る。同じ方面の場合はホームまで一緒に行き、見送る。

● タクシーの場合

店員にタクシーを呼んでもらう。見送りはタクシーが見えなくなるまで。

⑤ 酒席以外の接待

単なる遊びにならないよう マナーを守ることが大切

毎回酒席の接待が続いている、相手がお酒を飲めないという場合は、少し変わった接待のほうが喜ばれます。

相手の趣味に合わせた釣りやゴルフ、話題になっている観劇に出かけるなどのほうが興味をもってもらえるでしょう。一緒に何かを体験するような内容だと、お互いに違った　面が見えて信頼関係をより築けます。

また、最近多いのがランチ接待です。忙しくてなかなか都合が合わないという相手でも、ランチ時間なら確保できる場合が多く、長く拘束しないので負担に思われません。

接待は相手を喜ばせることが一番の目的なので、状況に応じた誘い方をすることも重要なのです。

車の席次

車で乗り合わせるなら 相手を自然に上座へ導く

遠出をする接待の場合は、基本的にこちらから相手を迎えに行きます。室内だけでなく、車内にも席次があるので覚えておきましょう。乗り合わせる際は、相手側の役職が高い人から順に車内へ入り、その後、もてなす側（自分側）の上司、部下と続きます。

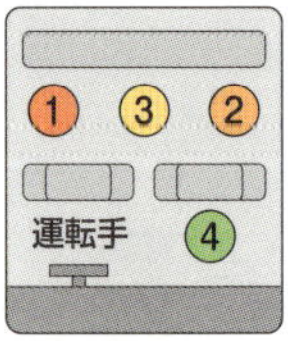

◁タクシーなど運転手がいる場合

後部座席の運転手の後ろが上座。新入社員は助手席に。

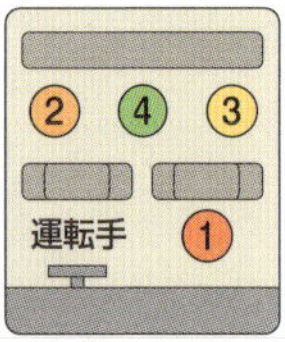

相手が運転する場合▷

取引先相手が運転する場合は、助手席が上座になる。

いろいろな接待

ケース1

ランチ接待

仕事の話に持ち込める利点も

多少豪華にしてもディナーほど予算がかからない。個室を予約すれば、食事の後に仕事の打ち合わせもできて便利だ。

ケース2

カラオケ接待

相手の年齢や好みを考えた選曲

相手が好きであれば二次会にするのもよい。1曲目は相手に進めて合いの手を入れる。選曲は相手の好きなものを。

ケース3

ゴルフ接待

相手のキャリアを重視

相手の実力やゴルフ歴を考えてコースを選ぶ。参加者は相手と同レベルのメンバーを誘うとバランスがよい。

ケース4

釣り接待

楽しい雰囲気づくりが大事

道具があるので送迎は必ずする。釣れるポイントを事前にチェックしたり、釣れなかったときのフォローも考えたりしておく。

ケース5

観劇・観戦接待

一緒に感動を味わえる

スポーツや音楽など相手の興味のある内容にする。同行するときは、応援に熱を入れるなど自分の世界に入らないように注意する。または、都合のよいときに使えるチケットを渡すのもよい。

⑥ 接待を受けるときの礼儀

過度な遠慮はかえって失礼
相手のもてなしはありがたく受ける

若手社員が直接接待に誘われることはなくても、上司の接待に同行するという機会は結構あります。

他社の人と飲食をするときには「仕事」という意識を持って、会話やテーブルマナーに気をつけます。勧められたことに対して必要以上に遠慮する必要はありませんが、飲みすぎないようにしましょう。

もし、上司抜きに自分だけ接待に誘われたら、会社の情報収集を狙っている可能性があります。その場は「お気づかいありがとうございます。上の者と相談してご連絡いたします」と伝えておき、すぐに上司へ報告して判断を仰ぎましょう。断る場合は失礼のないよう、丁重に返事をしてください。

誘いを断る

**理由を明確に伝え
納得してもらう**

会社によっては接待が禁止されている場合があります。その場合は、「せっかくですが、社の方針で禁じられておりますので遠慮させて頂きます」と正直に伝えます。気が乗らない場合は、「仕事の都合で今回は遠慮させて頂きます」と忙しさを理由に断ります。

上司の接待に同行する

接待中の態度は…

- 謙虚な受け答えをする
- 酒はたしなむ程度に
- 好意を素直に受ける
- テーブルマナーを守る
 （174ページ参照）

接待中の会話は…

- 「キドニタテカケシ衣食住」の話題で話を盛り上げる
 （110ページ参照）
- 相手の話をよく聞き、質問や相づちをタイミングよく入れる

こんな話はタブー

- 政治・宗教・思想
- 他人の悪口や噂話・機密事項

接待を受けた後は…

- 電話でお礼を言うか封書でお礼状を出す

ポイント

できる限り出席することで人脈を広げるチャンスに

社外の人と仕事以外の会話をすると、互いの信頼関係が深まる。今後の仕事がスムーズになったり、新しい人と面識ができる可能性大だ。

ポイント **接待セッティングのノウハウを学ぶ**

打ち上げや懇親会には積極的に参加を

共同で取り組んでいた仕事の打ち上げなど、懇親を目的に誘われたのであれば、快く参加しましょう。この場合も誘われたことを上司へ報告し、なるべく早く出欠を連絡します。仕事という意識をしっかりもって参加しましょう。

⑦ 接待を受けるときのタブー

軽率な行動が
後々命取りになることがある

　接待ではもてなされる側であっても相手への気配りを欠かしてはいけません。参加の返事は早く伝える、敬語を正しく使う、自分から上座に座らないなど、基本は謙虚な態度で臨むようにします。

　とくに、接待中はお酒を飲むのでついつい口が軽くなりがちです。機密事項を漏らしたり、人の悪口や噂を話したりすると、印象が悪いので十分に気をつけてください。

　また、相手がせっかくもてなしてくれているのに、過度な遠慮をするのもかえって失礼になります。

　何度も上座を進めてくれるのに頑なに断る、料理に箸をつけないなどの態度をとると、相手の心づかいを傷つけることになり、不快に思われます。素直に受けて「ありがとうございます」と、感謝の言葉を伝えましょう。

　また、接待を受けたら３日以内にお礼をします。手紙を出すか、電話をする予定があるならそのときに述べるとよいでしょう。

和やかな雰囲気になっても
人間距離は適度を保つ

会話が弾むのはよいことだが、言葉づかいが乱れたり、失礼な態度をとったりするのはダメ。酔いつぶれて相手に迷惑をかけないようにする。

接待でやりがちなNG行動

接待前

自分勝手に出席を決める

NG 1

● なぜダメなのか

見返りを求めていたり、何かを聞き出したりするための口実かもしれない。

● こうするべき

「後ほどご連絡します」と、返事を保留にし、上司に判断を仰ぐ。

金銭を受け取る

NG 2

● なぜダメなのか

金銭や豪華なお土産を渡されるのは、見返りを期待されている証拠だ。

● こうするべき

丁重に辞退する。ただし、店の支払いは相手に任せてもよい。

接待中

酔いすぎて無礼講

NG 3

● なぜダメなのか

節度やけじめのない人間だと思われ、イメージダウンになる。

● こうするべき

自分の飲める量を知っておき、飲みすぎないようにセーブする。

切り上げようとしない

NG 4

● なぜダメなのか

店の閉店時間になってもだらだらしているのは、失礼な行為だ。

● こうするべき

「時間も遅いので、そろそろ失礼いたします」と、帰りを切り出す。

接待後

二次会を強制する

NG 5

● なぜダメなのか

あつかましい態度。相手が準備してないと恥をかかせることになる。

● こうするべき

相手が誘ってくるまで待つ。参加しても騒ぎすぎないこと。

⑧ 出張の心構え

準備から帰社まで気を抜かずに行動する

出張はあくまで仕事が目的です。観光のことを考えるなど、旅行気分ではいけません。準備から帰社までが出張だと心得て、気を抜かないようにしましょう。とくに、実のある出張にするためには準備段階が何よりも大切です。

まず、スケジュールは細かく決めて事前に上司へ報告します。持っていく物はリストを作って前もって確実にそろえ、当日は安心して出発できるようにしておきましょう。

次に、下調べをします。土地勘のない場所へ行くので、訪問先までの道順、行き帰りの交通機関の時刻や乗り換えなどを確認しましょう。道やホームで迷うことも考えて、時間は余裕を持っておいてください。

そして、予算のことを考えます。基本的に出張中の交通費や宿泊費、食事代などはすべて会社の経費でまかなわれます。予算を超えた場合は自費で補わなければいけないので、念のため多めに準備しましょう。

出張の持ち物Check!

- □資料・ノート・パソコン
- □先方の地図と連絡先
- □名刺入れ・名刺
- □洗面用具・着替え
- □携帯電話・充電器
- □先方への手土産
- □スケジュール帳

出張ではこれらの持ち物が必要不可欠だ。名刺は多めに入れ、携帯電話の充電器を入れるのも忘れずに。

出張の基本の流れ

出張が決定

出張申請の手続き

日程が決まったら
準備スタート

まず、上司に口頭で出張の許可を得る。その後、会社の必要な手続きに従って書類を提出する。

準備と
スケジュール

日帰りの場合	準備すること	長期の場合
時間が無駄にならないよう機敏な行動を 1日ですむ出張は、朝早くから出発ということが多いので寝坊は禁物。電車の乗り継ぎがある場合は、身動きができるよう、荷物をコンパクトにまとめておく。	・出張の日程表を作成して上司へ提出 ・航空券や宿泊先の手配 ・交通機関のルートと時刻を下調べ ・パソコンが使える環境なのかを確認 ・持って行く物を準備	**1日1回は上司へ報告する** 遠くへ行く場合が多い。航空券や宿泊先の手配は早めにし、予約が取れたら上司や先方にスケジュールを伝える。滞在中、仕事の状況はこまめに上司へ報告を。

出張先での
打ち合わせ

スケジュール通りに
行動する

訪問するときの対応（156ページ参照）の流れに従ってスムーズに仕事を進める。

会社へ戻って
上司へ報告

帰社までが出張だと
いうことを忘れない

出張中の起こったことや成果を上司にまずは口頭で報告する。出張報告書の作成や経費精算をすませる。

⑨ 出張中の行動

緊張感を忘れずに早め早めの行動を心がける

　出張中はスケジュールを立てていても、道に迷ったり、交通機関が遅れたりといった不測の事態によって計画の狂うことがあります。

　そのような状況を事前に想定し、早めの行動を心がけましょう。出張費用も多めに用意しておくと安心です。

　また、出張中でも上司への報告・連絡・相談（ホウ・レン・ソウ）は欠かせません。会社の終業時間になったら電話をし、仕事の進行状況や成果、現状などを伝えます。

　宿泊する長期出張の場合、一人で行動していると気がゆるみがちです。酒の飲みすぎはやめ、ホテルの部屋はなるべくきれいに使うようにし、寝坊や遅刻は絶対にしないように気をつけましょう。

費用の管理

突然の食事の誘いや足止めなど何があっても困らないように

親しくなった先方の人から食事に誘われたり、天候不良のために交通機関が乱れてもう一泊することになったりなど、出張先では何が起こるかわかりません。費用は多めに用意し、クレジットカードも持っておくと安心です。突然の出費があった場合は領収書の管理もしておきましょう。

上司と一緒に行動する

頼りきりはダメ
自分で積極的に動いて

交通機関の乗り換えルートを調べておく、書類を必要部数持っておくなどは新入社員の仕事。また、乗り物の席次は必ず守り、失礼のない態度を心がける。

一人で行動する

判断に困ったら
上司へ連絡をする

何も問題がなくても、会社の終業時間頃に上司へ電話をかける。打ち合わせ中に仕事のことで責任のある判断を求められたときには、自分勝手に返事をせずに答えを保留にし、上司へ確認する。

帰社後の正しい行動

① 出張報告書を作成する

口頭で上司へ報告をしてから出張報告書を作成する。会社のフォーマットに従って記入すればよい。

② 経理の精算をする

交通費、宿泊費など出張にかかった経費の領収書をまとめて、経理部に提出する。途中の飲み食いなどは基本的に入らない。

③ 先方に連絡をする

帰社したらすぐ、先方の担当者へ連絡をする。無事に帰社したこととお礼を述べ、打ち合わせでの決定事項があれば伝える。

● 列車・新幹線での席次

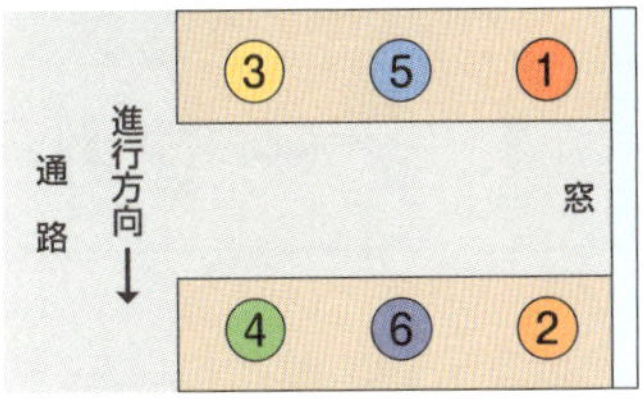

※①から順に上座

先方の人に食事に誘われたら

次の予定がないなら参加してもよい。ごちそうになったら上司へ報告する。

注意 **飲酒をしても**
ハメを外しすぎたり
翌日にひびいたりする
ような飲み方は避ける

Q1 自社へのお土産は必要か？

A 買わなくてもよい

仕事の一環なので基本的には買わない。ただし、出張中に自分の日常業務を頼んだ人がいれば、お礼にお菓子などを買っていくとよい。

① テーブルマナーの基礎知識

楽しい食事のために正しいマナーを身につける

せっかく他社の人から食事会やパーティに招かれても、料理の食べ方やカトラリーの使い方がわからないと、食事が楽しめません。

食器の音をカチャカチャさせる、大きな声で話をする、ガツガツ食べるなどのマナー違反をすると、一緒に食べている人から「行儀が悪い」と嫌がられます。テーブルマナーを身につけることは、お互いが気持ちよく食事をするための必須条件なのです。

とくに、祝賀会や結婚披露宴などのフォーマルな場では正しいテーブルマナーが要求されます。身だしなみや食べるときの姿勢などに気を配り、あわてることなく上品なふるまいが自然とできるようになりましょう。

店の予約をする

人を招待するときは準備をぬかりなく

食事に招待するときには、相手が好みそうな店を選ぶようにします。インターネットで検索してもよいですが、できれば実際にお店へ行ってみましょう。店の雰囲気、料理のメニュー、料金などをしっかり確認しておけば、当日、残念な結果になることがありません。

予約するときの確認事項

- 名前・日時・人数を伝える
- 閉店時間を確認
- クレジットカードの取り扱い
- 料理の内容（コース・アラカルト）
- ドレスコードの有無
- 誕生日などのはからい

フォーマルな場でのマナーCheck

□ 身だしなみは正しいか

上品 店の雰囲気に合わせる。ドレスコードが必要なら正装を。

下品 髪型の乱れ、デニム、スニーカーなどカジュアルな格好はダメ。

□ 身支度は整っているか

上品 トイレはすませておく。洋食の場合は、手を洗ってから席に着く。

下品 約束に遅刻、忘れ物、食べ始めにトイレへ中座してはいけない。

□ 食べるときの姿勢は正しいか

上品 背筋をまっすぐ伸ばし、カトラリーを正しく使う。

下品 落としたカトラリーを拾う、ひじをつきながら食べるのはダメ。

□ 食べ方はスマートか

上品 出された料理は温かいうちにいただき、音を立てずに食べる。

下品 口の中に食べ物を入れたまま話す、げっぷをするのは嫌われる。

店での席次と着席

料亭やレストランでは席次が決まっています。基本は入り口から一番遠い席が上座ですが、状況によって変わることがあるので、臨機応変に対応しましょう。

日本料理

料亭や割烹などの和室では床の間に近い席が上座となるので、来客を床の間側に案内する。床の間がない場合は、入り口から遠い席が上座となる。

座り方

猫背にならないようにする

背筋を伸ばして正座をする。目上の人が足をくずし、声をかけられてから自分も足をくずす。

和室の席次　床の間の位置で確認する

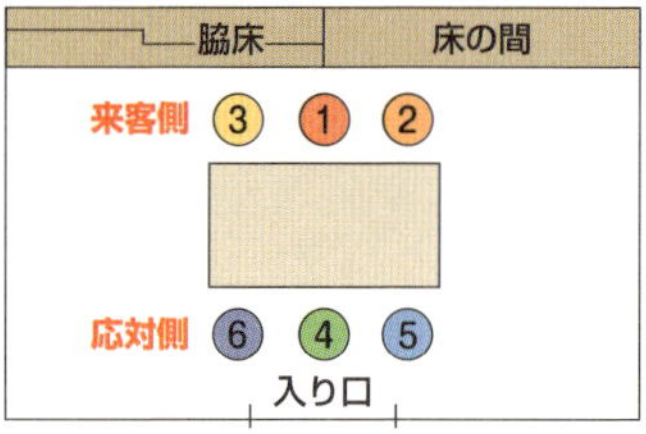

本勝手

入り口から見て、正面右側に床の間がある和室。床の間と脇床の間の床柱の前が上座。その次が床の間の前となる。

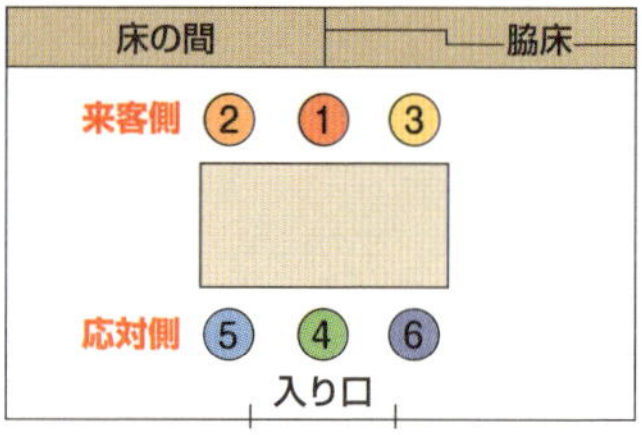

逆勝手

入り口から見て、正面左側に床の間がある。逆床とも言う。本勝手と同様、床柱の前、床の間の前の順に上座となる。

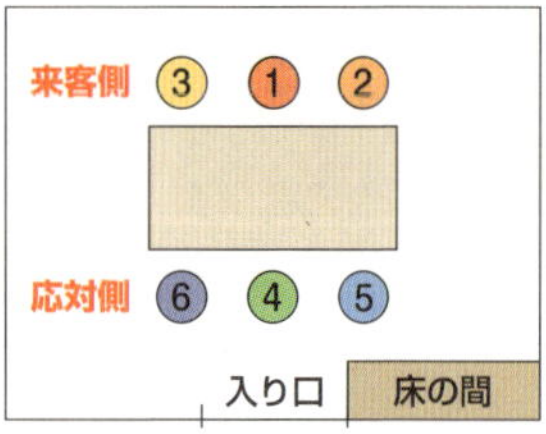

下座床

上下関係を気にせずにという配慮から入り口近くに床の間がる。一応、入り口から遠い①が上座。

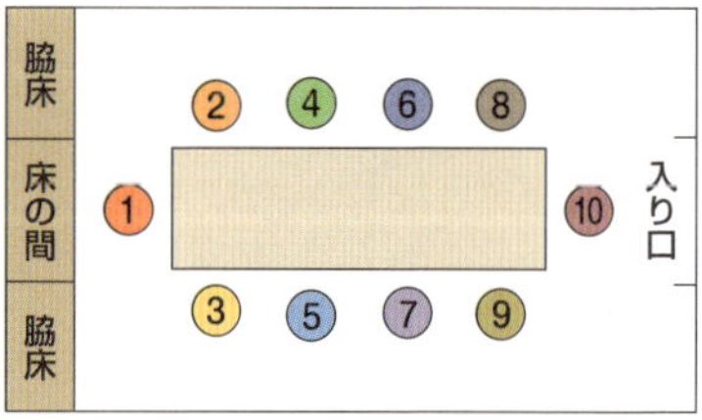

両脇に脇床がある

大人数が入れる和室に多い造り。入り口から遠く床の間の前の①が上座となる。その後は机をはさんで交互に座っていく。

西洋料理

いすとテーブルが並んでいる。基本的には入り口から遠い席が上座となる。いすに腰かけるときの所作も意外と見られているので、正しく行うこと。

座り方

あわてずに上品に座る

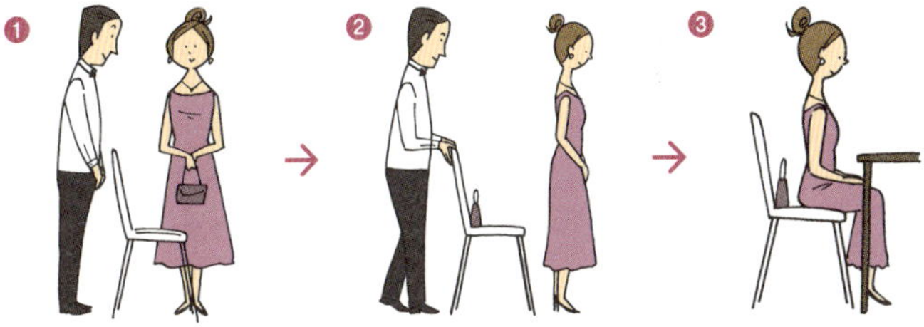

❶ 席の左側に立ち、係員がいすを引くのを待つ。引いたら、前に移動する。

❷ いすを押されたら、それに合わせて座る。バッグは背もたれか、右下に置く。

❸ いすに深めに腰かける。テーブルといすの間はこぶし1個半程度空ける。

レストランの席次

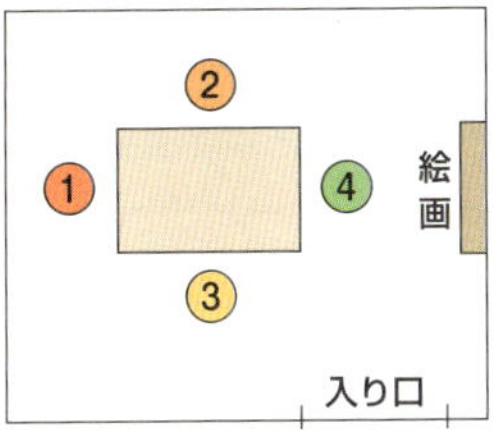

眺めのよい席が上座

入り口から近い席でもほかに眺めのよい席がある場合は、そこが上座になる。店に入ったらまず確認を。

円卓の席次

中華料理のターンテーブルは時計回りに回す

中華料理の場合も、入り口から遠い席が上座となる。8人がけが基本で、男女交互に座る。ターンテーブルは料理を取り分けながら、時計回りに回す。

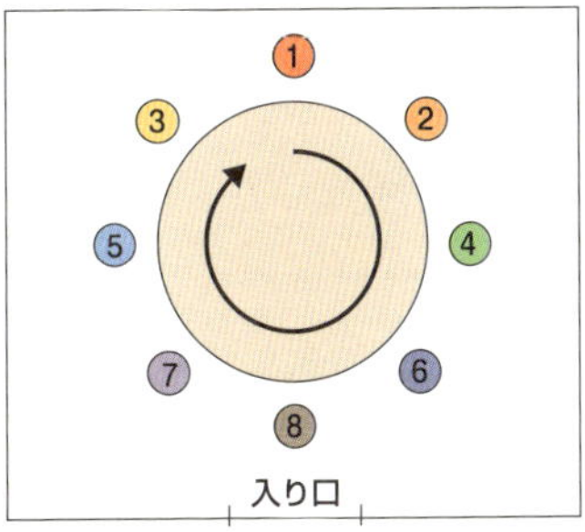

パーティでの席次

立食パーティなどはテーブルが席次の目安

結婚披露宴の場合は名前が記された席次表をもらうので、それに従う。立食パーティなどは歩き回るのが前提だが、ステージに近いテーブルが上座と覚えておく。

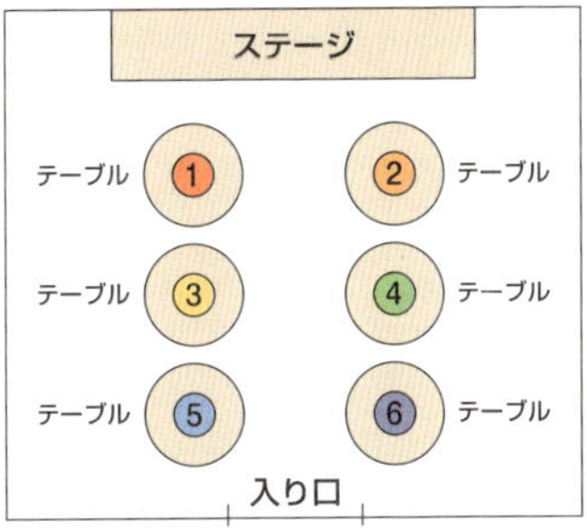

Part 9 食事のマナー

② 日本料理のマナー

箸がうまく使えないと大恥をかくことに

和食はよく、「目で食べる」と言われます。美しい盛りつけや器、床の間の掛け軸なども食事のもてなしのうちです。

そんな雰囲気を壊さないためにも箸の使い方、懐紙の使い方、和室でのふるまい方などのマナーは正しくできるようにしておきましょう。

また、和室で正座をすることを想定し、靴下はきれいなものにします。女性は靴をぬぎやすいようブーツは避け、足をくずしても目立たないフレアスカートにするなど、服装に気を配りましょう。

懐紙の使い方

● 口元を隠す

大きな物を食べるときは、2つに折った懐紙を口元にあてながら食べる。

● 汚れをふく

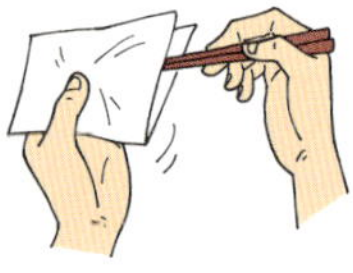

箸の先に食べ物がついたときには、口で取り除くのではなく懐紙でふく。

● 汁気の多いものを食べる

煮物など汁気のある食べ物は、折った懐紙を受け皿にして食べる。

● お金を包む

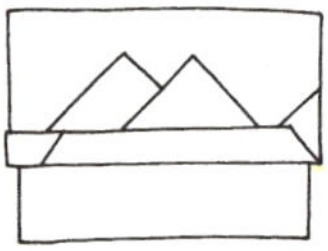

お金の受け渡しは裸銭ではダメ。懐紙で包んで渡せば上品に見える。

日本料理の種類

会席料理	懐石料理	本膳料理
日本酒やビールを飲みながら料理を食べる一般的な形式。ごはんと汁物は食事の最後に出される。	一汁三菜。少量のごはんと汁、酢の物や生ものなどの向付（むこうづけ）の後、ごはん、一品料理、酒が出る。	古い料理の形式。ごはん、汁物などの一の膳から始まり、五の膳まであるのが基本の構成となる。

料理の食べ方

刺身

❶

盛りつけをくずさないように手前の刺身から順に箸で取る。

❷

少量のわさびを刺身にのせ、しょうゆにつけて食べる。

NG おしぼりで口をふかない

おしぼりは海老を食べたときなどに汚れた手をふくためのもの。口元をふくときは懐紙を使う。

焼き魚

❶

4つに折った懐紙で頭側を押さえ、頭側の背から箸を入れる。

❷

魚の上半分→下半分の順に食べる。頭と骨は身の向こう側へ置く。

❸

残った身も頭側から尾に向かって順に食べる。魚はひっくり返さない。

椀物

❶

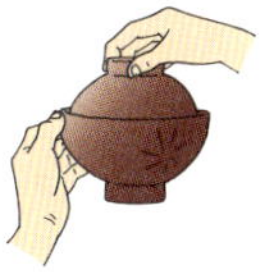

右手で椀のふたをつまみ、左手を椀の側面に添える。

❷

ふたを静かに開け、椀の内側でふたを傾けて水気を切る。

❸

しずくがこぼれないように椀のふたを裏返し、お盆の上か外側に置く。

正しい箸の使い方

「箸の使い方で人柄がわかる」といわれるほど、箸の使い方は重要です。きちんとした持ち方のできない人は、今のうちに正しい持ち方を練習しましょう。

箸の取り方

1

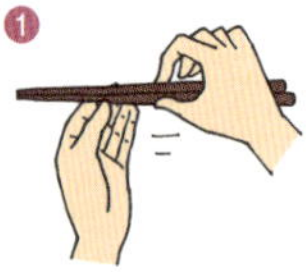

右手で箸の中央を持ち上げ、左手を下から受けるように添える。

2

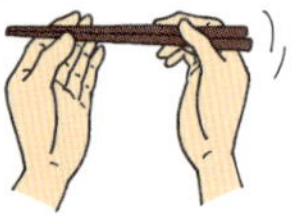

右手を下側から握るように持ち替える。左手を外す。

箸の持ち方

3

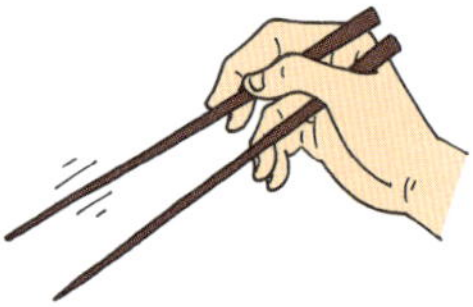

箸の頭から1/3くらい下の部分を持つ。上の箸を親指と人差し指、中指の三本で持つ。上の箸を動かして使う。

箸の置き方

4

右手で持っている箸の中央部分を、左手で下から添えるように持つ。

5

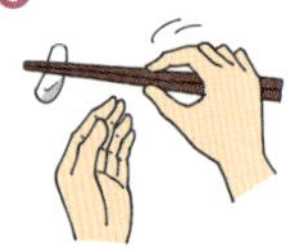

上から右手で中央を持ちかえ、箸置きに静かに置く。

割り箸の使い方

1

右手で箸の上、左手で下を持ち、おうぎを開くようにひざの上で割る。

2

割ったとき毛羽立ったら手で取り除く。膳の上では割らないこと。

割り箸の袋を箸置きにする

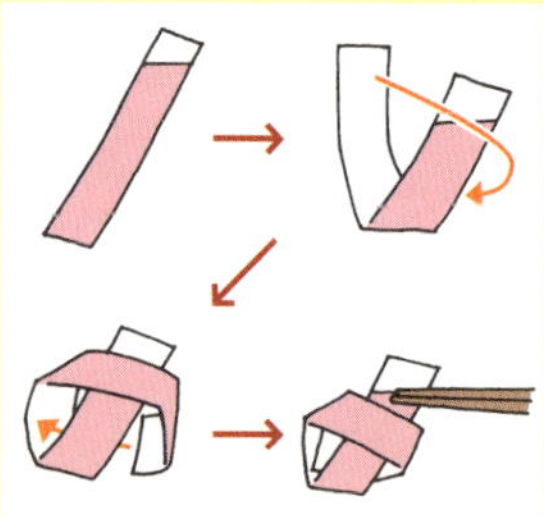

膳に箸置きがない場合は、箸袋を折るとよい。作り方は箸袋をかわり千代結びに折るだけで簡単だ。

NG

箸の扱い方には「忌《い》み箸」というマナー違反があります。知らず知らずのうちに間違うと、せっかくの食事が台なしになるので注意しましょう。

涙　箸

煮物の汁や刺身のしょうゆをポタポタと垂らしながら口へ運ぶこと。

移り箸

おかずを取った後、続けて別のおかずに箸をつけること。前のおかずの味が残る。

ねぶり箸

箸先を口に入れてなめること。

もぎ箸

箸先についたごはん粒を口で取り除くこと。

込み箸

箸で口いっぱいに料理を詰め込むこと。

探り箸

器の中を箸でかき回して料理の中身を探ること。

ちぎり箸

箸を一本ずつ持って、料理を割いたりちぎったりすること。

寄せ箸

器を自分のほうへ引き寄せるときに、箸を使って引きずること。

迷い箸

どれを食べようかと迷いながら、料理の上で箸をうろつかせること。

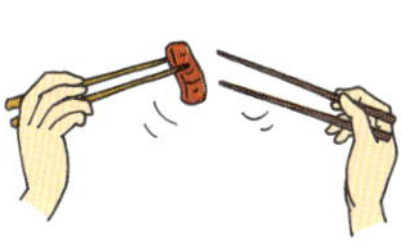

移し箸

箸から箸へと料理を受け渡すこと。火葬後のお骨拾いの仕方なので絶対禁止。

渡し箸

器の上に箸を渡すように置くこと。

立て箸

箸休めに、箸をごはんに突きさすこと。弔事の枕飯を連想させる。

③ 西洋料理のマナー

カトラリーやナプキンの使い方など
マナーは確実に覚えて

西洋料理のテーブルマナーがわからないからといって、相手の行動をじっと見たり、どぎまぎして落ち着かない態度をとったりするのはみっともない行為です。落ち着いて食事ができるように、最低限のマナーを身につけましょう。

まず、西洋料理では食事の前に手を洗っておきます。おしぼりが出ないので、必ずお手洗いで手を洗ってから席に着くようにしましょう。

また、日本料理の箸使いのように西洋料理ではカトラリー（ナイフやフォークなどの総称）の扱い方が重要です。カチャカチャと音を立ててはいけません。そして、人と料理をシェアしたいときには店の人に頼み、あらかじめ分けてもらいましょう。

Q 料理が多すぎて食べきれないときには？

A 次の料理が来る前に店員に言っておくのがベスト

フルコースの場合、最低でも5品の料理が出されます。基本的には食べきるのが礼儀ですが、だらだら食べるのは店に失礼です。限界を感じたら次の料理が来る前に店員に伝え、アラカルトは、頼みすぎないようにします。

西洋料理の種類	イタリア式フルコース	フランス式フルコース
	①食前酒 ②前菜 ③パスタ・スープ・リゾット ④メイン（魚または肉） ⑤サラダ ⑥デザート ⑦コーヒー	①食前酒 ②オードブル ③スープ ④魚料理 ⑤肉料理 ⑥ソルベ ⑦ロースト ⑧サラダ ⑨チーズ ⑩ケーキ ⑪フルーツ ⑫コーヒー または紅茶

料理の食べ方

スープ

❶

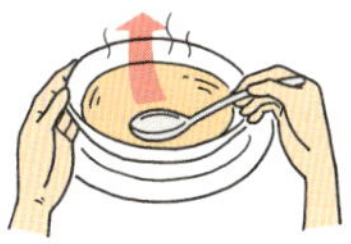

皿の縁に左手を添えて、スプーンを手前から奥へ動かしてすくう。

❷

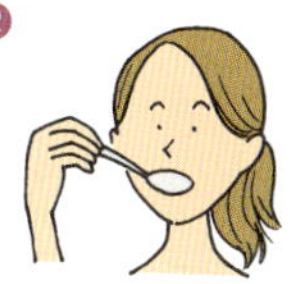

スプーンを口へ運び、斜め45度の角度に傾けて口に流し入れる。

❸

残り少なくなったら皿の手前を持ち上げ、スープをためてすくう。

パン

そのままかぶりつくのではなく、ひと口サイズにちぎって食べる。

肉料理

ソースをかけ、左端からナイフでひと口大に切って食べ進める。

魚料理（骨つき）

❶

背びれなどを取り、頭から尾まで縦にナイフで切り込みを入れ、上身を外す。

❷

身を皿の手前に出し、左端からナイフでひと口大に切って食べる。

❸

骨と下身の間にナイフを入れて骨を外し、皿の奥に移動させる。

カトラリーの使い方

カトラリーのルール

ルール1 デザート以外は外側から使う

ルール2 基本は右手にナイフ、左手にフォークを持つ

ルール3 食事中なのか、終了なのかの合図に使う

テーブルセッティング

フォークとナイフの基本の持ち方

食事中は右手にナイフ、左手にフォークを持ち、「ハ」の字に開いて使う。

左　手

フォークは裏を上に向けて持ち、人差し指を伸ばして支える。

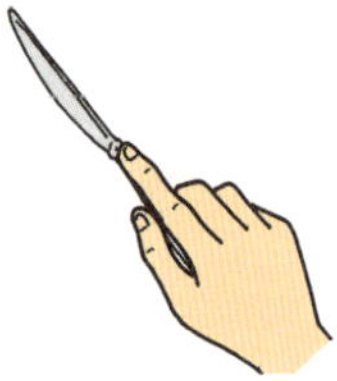

右　手

ナイフのつけ根に、伸ばした人差し指を少し曲げて添え、持つ。

Q1 カトラリーを使う順番を間違ったらどうすればよいか

A 補充してもらえる

外側から使うのが基本だが、間違ったらその料理を食べ終わった後、店員に言えば補充してくれる。

カトラリーのサイン

【 食事中 】

フォークは裏側を上に向け、ナイフは刃を手前にして「ハ」の字に皿に置く。

【 食事終了 】

フォークとナイフを時計の 4 時の向きにそろえて並べる。フォークは表が上。

やりがちな扱い方

× ワイングラスを回して飲む

回して飲むのはテイスティングのときだけ。普通に飲めばよい。

× パスタをズルズル吸う

パスタを食べるときに音を立てるのは下品。静かにすること。

Q2 カトラリーを落としたらどうすればよいか

A 自分で拾わず店員を呼ぶ

大きな声は出さず、そっと手を上げて店員に合図し、取りかえてもらうように頼めばよい。自分では拾わないこと。

ナプキンの扱い方

【 食事中 】

料理がきたら、目上の人から広げる。2 つに折り、折り目を手前に向けひざの上に置く。

【 中座 】

軽くたたみ、いすの上に置いて中座する。このとき、汚れた面は見えないようにたたむこと。

【 食事終了 】

軽くたたみ、テーブルの上に置く。きれいにたたむと「料理が気に入らなかった」という合図に。

④ 中華料理のマナー

独特な料理でも
食べ方を覚えておくと安心

　中華料理では回せる台がついた円卓（ターンテーブル）を数人で囲み、食事をするスタイルが主流です。

　円卓は上座の主賓から時計回りに回し、料理を大皿から個人が取り分けて食べます。料理を取るときは、次の人へ「お先に失礼します」と言ってから手をつけましょう。全員に料理が行き届くように、控えめに食べられる量だけを取り、よくばらないようにしましょう。

　中華料理では箸とれんげを使って食べるのが基本です。れんげは汁気の多い料理や、たれをつけて食べる料理を口に運ぶときの受け皿がわりとして使います。また、料理を食べるときは、取り皿や小鉢は手に持たず、卓上に置いたまま食べるのが上品な食べ方になります。

円卓で料理を取り分ける

❶

自分の番が回ってきたら、次の人へ声をかけ、目の前の料理を取る。

❷

料理の量と人数を考慮して、控えめに取る。好きな具だけを取らないこと。

❸

ほかの人が料理や調味料に手を出していないかを確認し、ゆっくりと回す。

中華料理のフルコース

① 前菜
② スープ
③ 主菜（肉や魚料理）
④ スープ
（②よりもやや濃厚）
⑤ 主菜
⑥ ごはん・麺類
⑦ 点心
⑧ デザート

中華料理の種類

北京料理	上海料理
揚げたり炒めたりする料理が多い。「北京ダック」「餃子」が有名。	魚介類を使った料理が多い。上海蟹はとくに好まれる。
広東料理	**四川料理**
中華料理の中でも比較的あっさり味。「焼豚」「八宝菜」が代表的。	「麻婆豆腐」「海老のチリソース炒め」など辛めの料理が多い。

料理の食べ方

北京ダック

❶
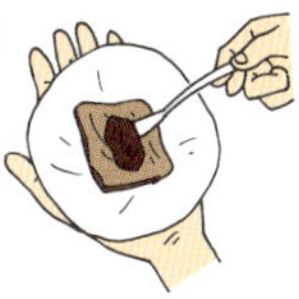
皮の中央にあひるの肉を置く。甘みそ（甜麺醤）を少量ぬる。

→ ❷
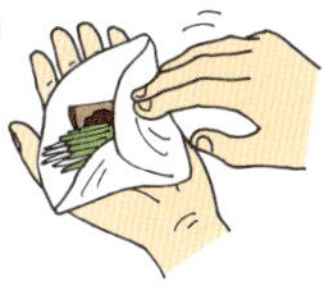
せん切りのねぎときゅうりをのせ、皮の下と片方の端を折る。

→ ❸
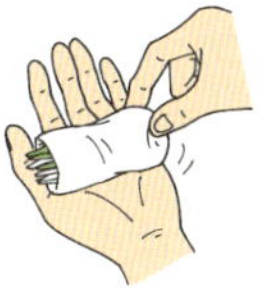
中身が出ないように下からくるくると手で巻く。具は入れすぎないこと。

海老のチリソース炒め

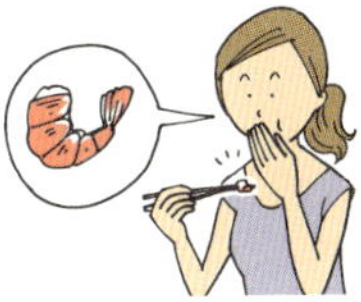
海老に殻がついている場合、殻はむかずに口へ入れ、手で口元を隠しながら殻を出す。

麺類

食べやすい量の麺を取り、れんげで受けながら食べる。スープはれんげを右手に持ちかえて飲む。

春巻き

そのままかじりつくのはNG。箸で二等分してから食べるとよい。

中国茶の飲み方

ふたつきの場合は茶碗ごと持ち上げ、右手でふたを少し奥にずらす。茶葉が口に入らないように静かに飲む。

Part 9　食事のマナー

⑤ 立食スタイルのマナー

話す：食べる＝7：3が立食の上品なふる舞い

大勢の人が集まる立食スタイルのパーティは、食事よりも会話を楽しむのが目的です。なるべく初対面の人に話しかけて、人脈を広げるように努め、知り合いとは挨拶程度にしましょう。

料理の主流はメインテーブルから好きな料理を取るブッフェスタイルです。だからといって、モトを取ろうとガツガツ食べるのは下品なふるまいです。自宅を出る前にパンなどの軽食を食べておき、パーティ中の食事は控えめにしたほうがスマートでしょう。

トータルコーディネートを考えて正装する

●女性の正装

ワンピースや、パンツとジャケットの組み合わせが好ましい。ヒールは足がきれいに見えるものを。

●持ち物は

ハンカチ、財布、携帯電話、女性は口紅など。バッグは腕にかけられるポシェットタイプがよい。

●男性の正装

黒や紺色のスーツがよい。ネクタイの色は明るいものを選ぶ。靴はきれいに磨いておく。

立食のルール

ルール1 料理の盛りつけはきれいに

料理はコースの順番どおりに取る。2～3種類を一皿に盛り、山盛りにはしない。きれいに食べ終ってから再度取りに行く。

ポイント **皿を分けて使う**

温かい料理と冷たい料理は一緒に盛らない。ソースが多くかけるなら一種だけ盛る。

ルール2 初対面の人と積極的に歓談する

左手で皿、フォーク、グラスを持つ。初対面の人とは握手をする機会が多いので、右手を自由にしておく。

ポイント **皿を片手で持つ**

左手の親指、人差し指、中指で皿を持つ。グラスは左手のひらにのせ、薬指と小指で支える。

ルール3 食べ終わった後もきれいに

空いたグラスや皿はサイドテーブルに置いておく。カトラリーをまとめるなど、係員が運びやすい気配りをしておくとよい。

ポイント **グラスマーカーを持参する**

誰のグラスがわからないと片付けられる可能性がある。持参したグラスマーカーをつけると安心だ。

⑥ 酒席でのふるまい

自分のペースで飲んではダメ
周囲への気配りを

ビジネスではお酒を飲む機会が結構あります。酒宴をスマートに楽しむために基本のマナーを覚えておきましょう。

乾杯をするときは、音頭をとる人に注目し、声をそろえます。このとき、グラスとグラスをぶつけてはいけません。グラスは顔の高さまで上げ、まわりの人と目で合図しながら乾杯するだけにします。

お酌はグラスの中身がなくなる頃に注ぎます。しかし、人によっては勝手につがれるのが嫌だったり、もう飲みたくないと思っていたりする可能性があるので、「もう一杯いかがですか」とたずねてから注ぐほうがよいでしょう。また、相手が話している途中でつぐと話を聞いていないように受け取られ、失礼です。

Q お酒が飲めない場合は飲まなくてもよい？

A 乾杯のときだけは口をつける程度の配慮を

無理に飲む必要はありませんが、場の雰囲気を考えて乾杯のときだけ口をつけます。その後、ソフトドリンクにかえてください。お酒を勧められたら、「ありがとうございます。飲めない体質なんです」とやわらかく断ります。

自分の飲み方

周囲をよく見て気配りをし、限界まで飲まないようにする。

ルール
- 完全に酔わない
- 手酌をしない
- お酌のタイミングをみる

相手への勧め方

飲ませすぎないよう、酔っていればさりげなくソフトドリンクを勧める。

ルール
- たずねてからお酌する
- 一人ぼっちにしない
- 酔いつぶれさせない

お酌をする

ビール

①ラベルを上に向けて持ち、左手を瓶の首に添える。初めは細くつぐ。

②泡が立ったら、静かにつぐ。ビール7：泡3になるとよい。

受けるときは

はじめはグラスを傾け、つぎ始めたらゆっくり立てると泡がきれいにできる。

日本酒

①お銚子を右手で持ち、下に左手を添える。杯の8分目を目安につぐ。

②つぎ終わりは、手首を回してお銚子を起こすと、お酒が垂れない。

受けるときは

右手で杯を持ち、左手の指先を軽く底に添えて受ける。

焼酎

どのような飲み方なのかをたずねる

水割り、お湯割り、ロックのどれが好みなのかたずね、さらに濃いめか薄めなのかを確認する。基本は焼酎6：水（湯）4に注ぐとよい。

① 慶事の招待状

届いた招待状は1週間以内に返事をする

　挙式や結婚披露宴などの招待状が届いたら、すぐに出欠の返事を出します。遅くても1週間以内が目安です。

　当日の予定の見通しが立たない場合は、まず電話でお祝いの言葉と事情を伝えます。その後、正式に決まり次第、返信の期日以内に返信を送ります。

　返信するときは正しく記入し、祝福の言葉と招待してくれたことへの感謝の気持ちを書き加えるのが礼儀です。

　相手は引き出ものや料理の手配など、結婚披露宴の準備に追われているはずです。出欠の返事が遅れると準備が滞り、迷惑がかかるので、早めに連絡と返事をすることは相手への気配りになるのです。

自分が結婚する場合

きちんと報告して準備を進める

結婚が決まった時点で、上司へ報告します。招待状は式の2か月～1か月半前に発送できるように準備をしますが、会社の上司、主賓、媒酌人には郵送ではなく手渡しします。上司へ仲人を頼む場合は、式の2か月前までに2人で出向き、挨拶と依頼をしましょう。

招待状返信はがきの書き方

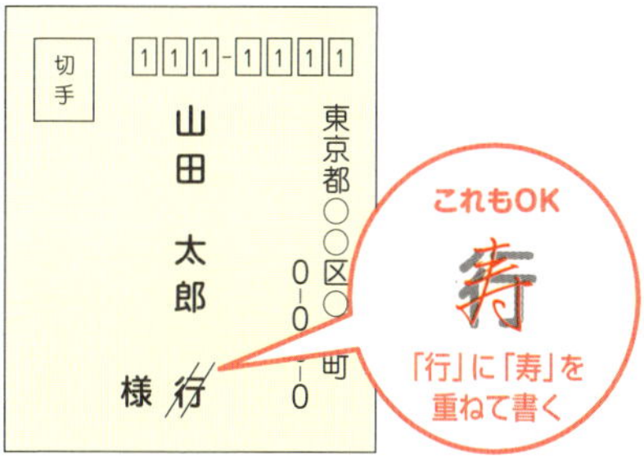

表の書き方

**「行」を消して
「様」と書き直す**

返信用はがきは宛先に「行」が印字されているので、二本の斜線で消し、横に「様」と書く。毛筆か黒のペンで書くこと。グレーのペンは薄墨を連想させるため不吉とされている。

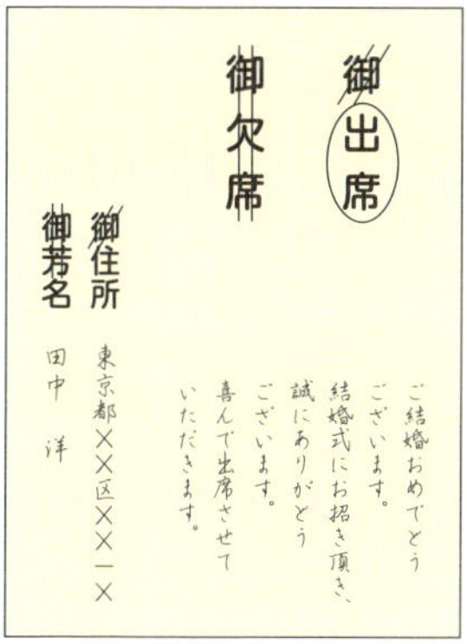

出席する場合

**一文字は斜線
二文字以上は縦線で消す**

「御」は二本斜線で消し、「出席」を丸で囲む。「御欠席」は縦線、「御住所」の「御」は斜線、「御芳名」は「御芳」まで縦線で消す。

● お祝いの言葉を添える

祝福の言葉は縦書きで書く。親しい友人であっても、若者言葉を使って書いてはダメ。けじめのある書き方をすること。

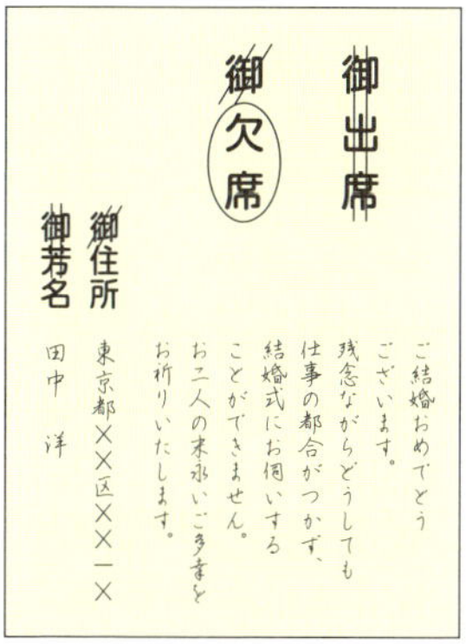

欠席する場合

**結婚式当日は
祝電を送る手配を忘れずに**

「御出席」は縦線で消す。「欠席」を丸で囲み、「御」を斜線で消す。「御住所」の「御」、「御芳名」の「御芳」を消す。

● 出席できない理由を述べる

「多忙につき」は失礼なので出席がかなわず残念だという文に。弔事と重なる場合は「よんどころない所用のため」と書く。

Part 10　冠婚葬祭のマナー

② 慶弔電報の送り方

出席できない場合は
祝電や弔電を送って対応する

慶事や弔事に出席できない場合は、返事をするだけではなく、祝電や弔電を送るのがマナーです。

式の前日までに電話会社や日本郵便などの電報サービスを利用して電報を打つか、手紙を書いて送ります。最近ではインターネットで電報の手配をすることもできてとても便利です。

電報内容と一緒に配達される台紙は、刺しゅうやぬいぐるみ、押し花がついたタイプなどがありバラエティー豊かなので、相手の好みを考えて選びましょう。

電報を打つときには、不吉な意味のある「忌《い》み言葉」や、再びあることを連想させる「重ね言葉」が文面に入らないよう注意しましょう。

忌《い》み言葉

言葉そのものが不吉なもの

切る、去る、別れる、離れる、折る、出る、閉じる、消える、分ける、つらい、苦しむなど。

重ね言葉

再び起こることを予想させる

いろいろ、重ね重ね、わざわざ、またまた、くれぐれも、かえすがえすなど。

弔事の敬称

弔電を送るときは喪主宛にする。誰かわからない場合は「故○○様御遺族様」とする。

主な敬称

父	ご尊父《そんぶ》様、お父様、 お父上（様）
母	ご母堂《ぼどう》様、お母様、 お母上（様）
夫	ご主人様
妻	ご令室《れいしつ》様、ご令閨《れいけい》様
祖父	ご祖父様
祖母	ご祖母様
息子	ご子息（様）、ご令息（様）
娘	ご息女（様）、ご令嬢（様）

祝電の打ち方

最低でも披露宴の3時間前には届くように。新婦の場合、宛先は旧姓でよい。仲間内だけにしかわからない内容は書かない。

ポイント

自宅へ…披露宴前日までに送る
会場へ…開始3時間前までに送る

弔電の打ち方

葬儀・告別式が始まる2時間前までには会場に届くように手配する。宛先は喪主にし、敬称を間違えないように注意。

ポイント

早く送りすぎても失礼になるので葬儀・告別式に間に合うくらいがよい

電報サービス

NTT（D-MAIL）

＜東日本＞ http://www.ntt-east.co.jp/dmail
＜西日本＞ http://dmail.denpo-west.ne.jp
※電話申し込みの場合、NTT契約者であれば、局番なし115で申し込み可能

SoftBank（ほっと電報）

http://hot115.jp/denpo/
※電話申し込みの場合、SoftBank契約者であれば、局番なし115で申し込み可能

KDDI（でんぽっぽ）

http://www.denpoppo.com/
※インターネット受付のみ

料金、メッセージ内容、台紙の種類、支払い方法など、サービス内容は各社異なるので、確認を。

日本郵便レタックス

http://www.post.japanpost.jp

日本郵便レタックスなら手書きもOK

自分で書いた文面やイラストを電報にのせられるサービス。気持ちが伝わりやすい。

申し込み方法

- インターネットから
- コールセンター（通話無料）0120-953953
- 郵便窓口、ポスト投函（記入用紙は窓口で受け取る）
- 翌日から10日以内の配達を指定可能（同じ都市部宛は午後3時30分まで）

メッセージ例

・ご結婚おめでとう。愛情一杯、夢一杯、明るい家庭を築いてください。

・ご結婚おめでとうございます。出席できず申し訳ございません。お二人の未来が素晴らしいものでありますようお祈りいたします。

メッセージ例

・ご尊父様のご逝去の報に接し、謹んでお悔やみ申しあげます。

・悲報に接し、悲しみにたえません。心よりお悔やみ申し上げます。

Part 10　冠婚葬祭のマナー

③ 結婚祝い金の贈り方

お祝い金や品物は贈り方にマナーがある

結婚披露宴の招待状を受け取ったら、お祝い金や贈り物の準備をします。

お祝い金は本来、挙式の1週間前までに相手の家へ持って行くものですが、最近は披露宴当日に受付で渡すのが一般的です。お金は必ず新札を用意し、のしがついた祝儀袋に入れて渡します。

披露宴を欠席する場合はお祝い金を式の1週間前までに郵送しましょう。祝儀袋ごと現金書留に入れ、手紙を添えて送ります。

品物を送る場合は、招待状を受け取ってから相手の自宅に郵送します。はさみや刃物などの「切る」を連想させるものや、セット物でも4（死）9（苦）組は不吉な印象なので、避けましょう。

Q 結婚祝い金はいくら包むべき？

A 自分の収入に見合った額を包む

偶数金額は「割り切れる」ため縁起が悪いと、2万円を「1万円1枚＋5千円2枚」にする人がいますが、2は「ペア」と考え、こだわらなくてもよいでしょう。あくまでもお祝いする気持ちを包むものですから、見栄をはらずに給料の額に見合った金額を包みます。

お祝い金の目安

親しさ浅 ← → 親しさ深

	仕事関係	友人・知人	親戚	兄弟・姉妹
20代	2万円	3万円	3万円	5万円
30代	3万円	3万円	3万円	10万円

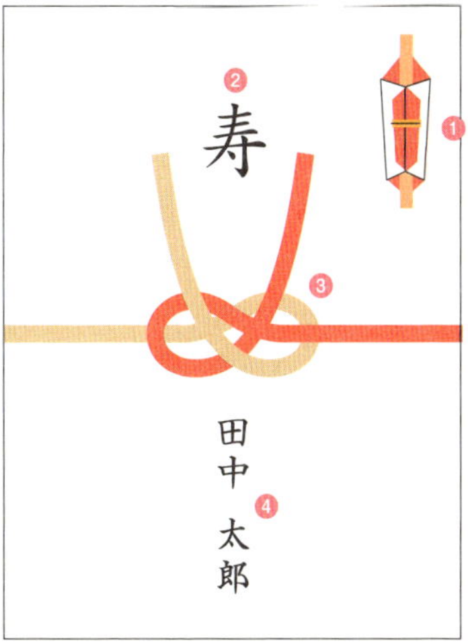

祝儀袋の書き方

① のし
右側についている

② 表書き
「寿」「御結婚御祝」と書いてあるもの

③ 水引
結び切りを使う。あわび結びは１～３万円、日の出結びは５～８万円、１０万円以上は豪華な水引にする。

豪華な水引

格の高い祝儀袋の水引は大判で松竹梅や波をかたどったものがある。

④ 差出人
濃く丁寧な字で書く

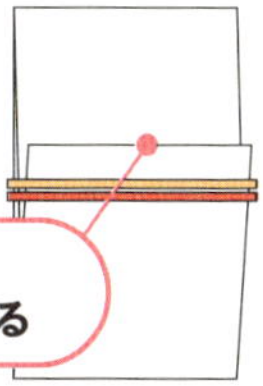

裏 下側が上になるようにする

中包みの書き方

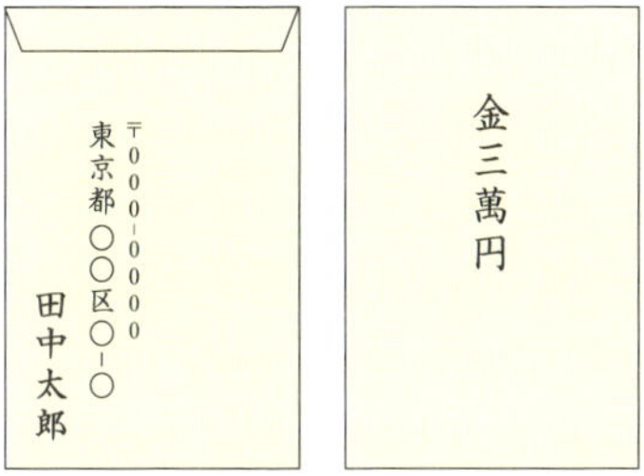

表にお祝い金の金額を旧漢字または漢数字で書く。書く場所が指定してあるタイプは枠内に、ない場合は中央に書く。

ふくさの種類

祝儀袋を包むふくさの色は赤やピンクが慶事用、紫は慶弔両方に使う。２つ折りのはさむタイプもおすすめ。

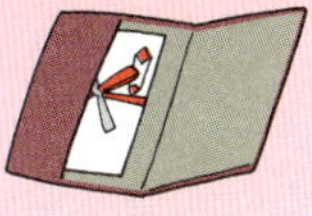

ふくさの包み方

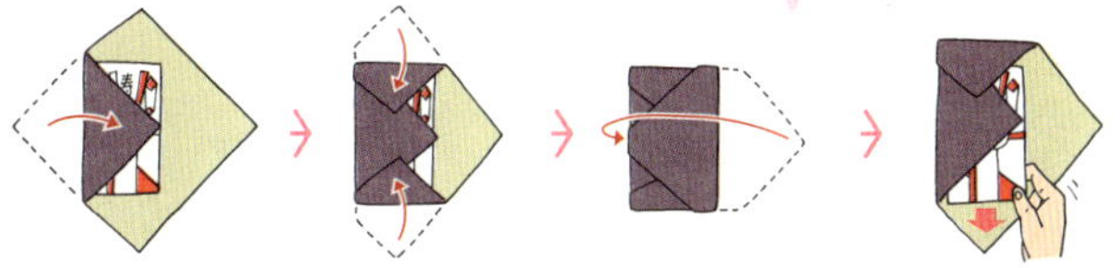

中央よりやや左寄りに祝儀袋を置く。袋に合わせてふくさの左側を折る。

ふくさの上と下を重なるように折る。

右側の角を持って折る。端の飛び出した部分は内側に折り込む。

渡すときには右と下を開き、祝儀袋を引き出す。ふくさの上に袋をのせて差し出す。

④ 結婚披露宴での服装

Part 1
Part 2
Part 3
Part 4
Part 5
Part 6
Part 7
Part 8
Part 9
Part 10

一般的な結婚式にふさわしいのは準礼装

結婚披露宴の主役は新郎新婦です。主役より目立たないことを前提に、華やかな服装で出席しましょう。

正式な装いには正・準礼装があります。より格式高い正礼装は親族が着るので、準礼装を選びます。男性は昼はモーニング、夜はタキシードを、女性は昼はアフタヌーンドレス、夜はイブニングドレス、着物の場合は黒留袖、色留袖、訪問着がよいでしょう。二次会のみ出席なら、男性はスーツ、女性は華やかなツーピースが適当です。

NG

カジュアルすぎる服

Tシャツやデニムなどの普段着はたとえ流行服でも適さない。男性の場合、ジャケットなしも失礼になる。

靴などの小物がカジュアル

スニーカー、ローファー、ブーツ、サンダルはダメ。ヘビなど爬虫類の柄の小物は殺生を意味するので持たないこと。

女性の白い服・光沢の素材

白いドレスや柄が輝くような服装は主役の新婦よりも目立つので厳禁。宝石類は大粒なものを避ける。

着物が豪華すぎる

大振袖は新婦がお色直しで着る可能性があるので避ける。訪問着を着る場合は中振袖にする。

着物の場合の正装

未婚者は振袖、既婚者は長い袖を短くした留袖が基本。華やかな柄や色がよい。

男性の装い

ダークスーツ

黒上下のダークスーツか、黒の上着に白黒ズボンのストライプズボンのディレクターズスーツがよい。

シャツ

スタンダードな白いシャツが基本。しっかりアイロンをかけておくこと。

ネクタイ

白黒のストライプ、シルバーグレーなど。

靴

飾りの少ない革製の黒がよい。きれいに磨き、汚れがないように。

女性の装い

ワンピース

ひざ下丈の華やかなワンピースを。袖が短ければショールを羽織る。

バッグ

服装に合うコンパクトなバッグ。スパンコールやビーズつきもよい。

靴

シンプルなパンプスがよい。ミュールやサンダルは避ける。

小物

パールのネックレスや小さめのコサージュで、さりげなく華やかに。

Part 10 冠婚葬祭のマナー

⑤ 結婚披露宴当日の所作

晴れの席はとくにマナーが問われる場
慎ましい行動を心がけて

挙式に出席する場合は、開始時間の15分前、結婚披露宴のみの場合は30分前に会場に到着しておきます。

お祝いの席ですから、終始笑顔でふるまうのがマナーです。祝儀袋の渡し方、挨拶、テーブルマナーなどは正しくできるようにしましょう。

結婚披露宴中は私語を慎み、食事は周囲と食べるスピードを合せます。スピーチや余興のときは食事をしながら見聞きしても構いませんが、最初と最後は手を止めて拍手をします。

受付での所作

新郎新婦どちらの招待者なのかを伝え、挨拶をして一礼する。祝儀袋を渡して芳名帳に記入し、席次表を受け取る。

① 挨拶をする

名前を伝え、「お招きいただきましてありがとうございます」と言う。

② 祝儀袋を渡す

ふくさをとき、祝儀袋を出して両手で持つ。

表書きが受付側に向くように持ちかえる。

「心ばかりのお祝いです。お納めください」と言って祝儀袋を渡す。

③ 芳名帳を書く

新郎新婦の招かれたほうの芳名帳に自分の名前を丁寧に記入する。

会場に入る前に Check!

- □受付をすませる
- □トイレをすませる
- □手を洗っておく
- □身だしなみを整える
- □席を確かめる
- □座席表を確認する

① 挨拶をする

挨拶は手短にすませる

会場の入り口に新郎新婦の親や媒酌人が並んでいる場合は簡単に挨拶し、後に並んでいる人がつかえないようにする。

② 入場する

横切る、突っ切るはNG

目上の人から入場する。会場の真ん中を突っ切ったり人前を横切ったりしてはダメ。壁側をつたって席まで進む。

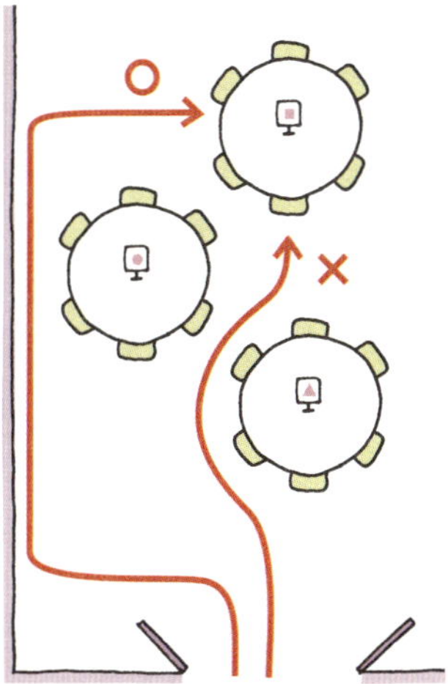

③ 着席する

バッグは背もたれの間に置く

席に着いたら、いすの左側から座る。バッグはいすの背もたれと腰の間に置くとよい。背もたれにかけるのはダメ。

④ 静粛な態度

歓談や食事はマナーを守る

両隣りの人に簡単な自己紹介と挨拶をし、歓談しながら食事を楽しむ。乾杯や余興のときは私語を慎み、歩き回らない。

NG

騒ぎすぎる

余興中にヤジを飛ばす、大きな声で私語をするのはダメ。雰囲気がくずれ、披露宴が台なしに。

テンションが低い

暗い表情やしらけた態度は失礼。また、黙々と食事をし、式の進行を無視するのも失礼になる。

写真を撮りまくる

ケーキ入刀やキャンドルサービスのときは司会者の指示があってから撮影すること。

⑥ 結婚披露宴でのスピーチ

スピーチを頼まれたら快く引き受ける

親しい友人の結婚披露宴でスピーチを頼まれたら、快く引き受けてください。新郎新婦にとっては生涯の思い出となる結婚披露宴なので、心に響くようなスピーチを考えましょう。

もちろん、ぶっつけ本番ではパニックになるので、必ず原稿を作成して暗記します。長すぎるスピーチ、暴露話、苦労話は場の雰囲気が悪くなるので、原稿を作成する際には避けてください。

スピーチの心構え

① 原稿を作成する

原稿は3分を目安に作り、暗記する。当日は原稿を持参しておくと安心だ。

② 内容はシンプルに

仲間内にしかわからないような内容は避ける。難しい言葉もあまり使わない。

③ 姿勢は正しく

背筋をまっすぐ伸ばし、明るい表情と声で話す。新郎新婦と来賓を交互に見る。

④ 臨機応変さも必要

前にスピーチした人と挨拶の仕方がかぶったりしたら、言い回しをかえる。

⑤ 忌《い》み言葉に注意

「新しいスタートを切って」は「新しい旅立ちを迎えて」などに言いかえる。

スピーチの構成

① 祝福の言葉

千恵さん、聡さん、ご結婚おめでとうございます。

② 自己紹介

私は千恵さんの高校時代の友人の田中綾子と申します。
同じ吹奏楽部だったこともあって仲がよく、
社会人になっても親しくさせていただいております。

③ 新郎新婦の人柄やエピソードなど

彼女は一見、クールに見えますが、
頑張り屋で周囲にとても気配りができる人です。

高校時代、フルートを担当していた彼女は、先輩の代役で突然ソロパートを任されることになりました。
周囲へは明るく「頑張ります」と答えていたようですが、私には「自分にできるだろうか」と本心を打ち明けてくれました。
コンクールまで時間がほとんどなかったのに関わらず、誰にも見られないよう毎朝早く登校し、必死に練習をしていました。
彼女らしく、「引き受けたからには徹底してやる」と、妥協を許さない精神で練習に励んでいたようです。
努力は実ってソロパートは成功し、その年のコンクールでは金賞を取ることができました。

④ 激励やはなむけの言葉

初めてお目にかかりますが、聡さんはきっと、
千恵さんのそんな意志の強いところに
惹かれたのではないでしょうか。
聡さんはとても頼もしい方だと伺っております。
千恵さんが悩んだり、苦しんだりしていたら、
支えてあげてください。
お二人なら温かい家庭を築かれることと思います。

⑤ 結び

千恵さん、聡さん、本日は本当におめでとうございます。

NG

不快に思われる話題

新郎新婦の過去の恋愛話や苦労話、失敗談は話さない。自社のPRもダメ。

緊張しすぎて話せない

表情がこわばったり、途中で話が止まったりしないよう、事前に練習をしておく。

忌《い》み言葉

別れをイメージする言葉の「切る」、「分かれる」「終わる」「消える」「冷める」など。最後に「これでスピーチを終わります」と言わないように注意。

重ね言葉

同じ言葉が連なることは再婚をイメージさせる。「くれぐれも」「わざわざ」「皆々様」など。「ますますのご繁栄」は「なお一層のご繁栄」と言い回す。

⑦ そのほかの慶事

どんな種類の慶事にも対応できるように知識を深める

慶事は結婚だけではありません。会社関係者や取引先相手が新事業を始めた、受賞したなど、ビジネスに関係するお祝いにも対応しましょう。

基本的には直接関係がある場合のみお祝いをしますので、報告を受けたら上司へ相談し、判断に従います。

贈り物をする場合は、相手が喜びそうな品物を贈るか、現金を自宅へ贈るとよいでしょう。祝賀会や記念式典に出席する場合は、御祝儀の準備をします。

それほど親しい間柄でない人であれば、電報を打つか手紙を書くだけでも誠意が伝わります。知らせを受けたら、あわてずに対応しましょう。

慶事の種類

●受賞（受章）祝い

文化勲章などの国から授与されるものや、民間や団体から授与させる音楽賞、絵画賞などがある。

●記念式典

受賞があったときに行われる式典。本人主催の祝賀会が行われる場合もある。

●開業・開店祝い

新しい事業を始めた、新しい店舗をオープンしたというときに。まずはお祝いの言葉を電話で伝える。

こんなお祝いはどうする？

●出産祝い

生後1週間（お七夜）～1か月（お宮参り）の間に贈る。贈り物はベビー服や前かけなどがよい。

●栄転祝い

送別会のときにキーケースやネクタイなどを贈るとよい。栄転か左遷かわからない場合、のし紙は「御礼」とする。

贈り物をする

贈り物をするとき、品物にのし紙をつけて相手の自宅へ郵送する。知らせを受けたらなるべく早めに送るのが礼儀だ。

現金を贈る

祝儀袋に「酒肴料」と書く。「酒や肴《さかな》など好きなものをお買い求めください」という意味で、相手に使い道を選んでもらう。

持参するのにも適した贈り物

お花やシャンパンが喜ばれる。花は蘭などの鉢植え、または、フラワーショップに頼んでアレンジしてもらってもよい。

食品を贈る場合

相手の家族構成や趣味に合わせたものを選ぶとよい。伊勢海老や鯛はさばく手間があるので、加工品のほうが喜ばれる。

祝賀会に参加する

祝儀袋を持参し、礼服で参加する。会費制の場合は会費がお祝い金となる。荷物になるので贈り物はなるべく郵送を。

ポイント 服装は正しいものを

結婚披露宴のときのような準礼装が基本だが、「平服」と指定があったら男性はスーツ、女性は外出着がよい。

ポイント 挨拶をする

まず、主賓に挨拶をする。忙しそうな場合は、目礼だけして後から話しかける。会場に入ったらほかの招待客に挨拶する。

ポイント 周囲の人と歓談する

人脈が広がる機会でもあるので、なるべく初対面の人に話しかけて歓談し、明るくふるまう。

⑧ 訃報を受けたときの対処法

驚く気持ちは押さえて冷静な対応を心がける

訃報は突然くるものです。連絡がきても落ち着いて対応しましょう。

まず、電話で連絡を受けたら、「ご連絡恐れいります。この度はご愁傷様でございます」と言い、故人の亡くなった日付、通夜と葬儀の日程と会場、喪主の名前、宗派を確認します。

故人が社内の人か取引先の人の場合は会社で対応することがほとんどなので、連絡者から聞いた詳細を上司へ報告し、指示に従って行動すればよいでしょう。

友人や知人など自分と親しい人が故人の場合は、上司へ報告して通夜や葬儀へ参列するための休暇を取る相談をします。余裕があるなら、遺族に手伝いを申し出ましょう。

Q 通夜か葬儀・告別式、どちらかしか参列できない場合は？

A 選ばなければならない場合は葬儀・告別式へ参列を

通夜は故人と過ごす最後の夜です。さほど親しくなければ、最後のお別れとなる葬儀や告別式へ出席したほうがよいでしょう。どちらにも欠席する場合は、式の開始に間に合うよう、弔電の手配をします。（195ページ参照）

取引先関係者が亡くなったとき

仕事の関わり方によって対応が違う

通夜や葬儀への出席は社内の役職の高い人だけが参列することが多い。香典の額、表書き、弔電はどうするのかを上司へ相談し、従う。

会社の社員が亡くなったとき

通夜から告別式までなるべく出席する

まずは上司へ報告し、会社の対応を相談する。香典の表書きは「社員一同」と書いて渡すことが多い。部署が違ってもなるべく参列する。

社員の家族が亡くなったとき

同僚や先輩の家族なら手伝いを申し出る

上司へ報告して判断に従い、通夜から告別式までなるべく出席を。遺族の社員が自分と近い関係なら、葬儀の手伝いを申し出るとよい。

身内・友人が亡くなったとき

休暇を取り通夜から告別式まで参列

上司へ報告し、参列するために休暇を取ることを申し出る。遺体が斎場に運ばれたらすぐに弔問する。遺族へ葬儀の手伝いを申し出るとよい。

会社としての対応を確認

→ **報告すること**

- 誰が亡くなったのか
- 通夜、葬儀、告別式の日時と場所
- 喪主名 など

→ **相談・判断**

- 社内の誰が参列するのか
- 参列しない場合は弔電を送るのか
- 香典の用意 など

手伝いを申し出る

→ **遺族に相談して役割を分担**

- **受付係**
弔問客から香典を預かり、記帳する。
- **会計係**
葬儀に関わる出費や香典の計算をする。
- **案内係**
弔問客を斎場まで案内。（斎場の人がする場合もある）
- **接待係**
弔問客への食事や通夜ぶるまいの準備をする。

会社へ連絡

→ **連絡すること**

- 亡くなった人との関係
- 休む日数
- 休暇届提出の有無 など

⑨ 香典の基礎知識

宗教が関わってくるので事前に確認しておく

香典の金額は故人との関係の深さ、自分の年齢、地方の習慣などによって考慮します。一般的には職場関係なら3000円、祖父母や知人など親しい人なら１万円が相場です。

入れるお金が新札だと、前もって用意していたような印象を与えるのでタブーといわれていますが、人に差し上げるためあまりに古い紙幣では失礼になります。新札に軽く折り目をつけるとよいでしょう。

弔い方は故人の信仰していた宗教によって異なるので、喪主に確認しておき、不祝儀袋の種類や表書きなどを間違わないように注意して準備しましょう。

不祝儀袋の種類

●共通

表書きが「御霊前」なら、どの宗教にも対応できる。水引は銀か白黒の結び切り。

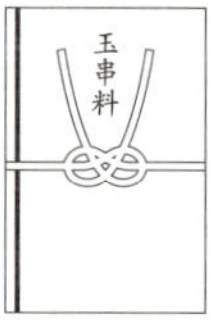

●神式

表書きは「玉串料」または、「御榊料」と書いてあるものを。水引は白一色。

●仏式

表書きは「御香料」。水引は銀か白黒を。「御仏前」は浄土真宗のみ葬式から使える。

●キリスト教

白無地封筒か、十字架やユリの花が印刷された包みを使用。表書きは「御花料」。

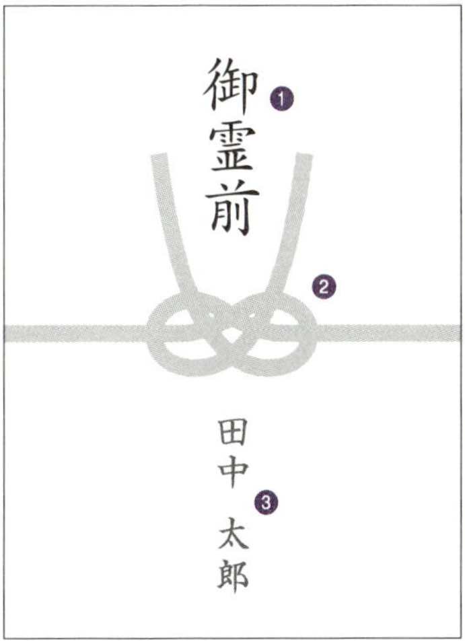

不祝儀袋の書き方

❶ 表書き

宗教や宗派によって書く文字が違う。宗教がわからないときは、どの宗教にも対応する「御霊前」と書く。

❷ 水引

仏式、神式の場合は銀色か黒白の結び切りの水引にする。キリスト教の場合は水引なしでもよい。

❸ 差出人

水引の下に薄墨の筆ペンで氏名を書く。薄墨は「涙で文字がにじんでしまいました」という意味がある。

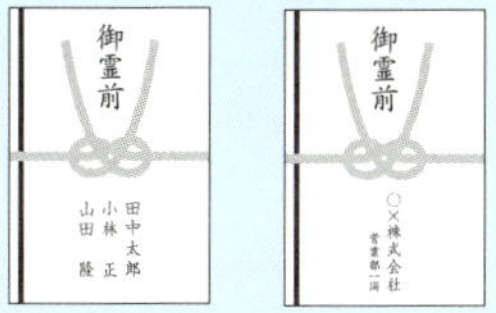

3名までOK　会社から

中包みの書き方

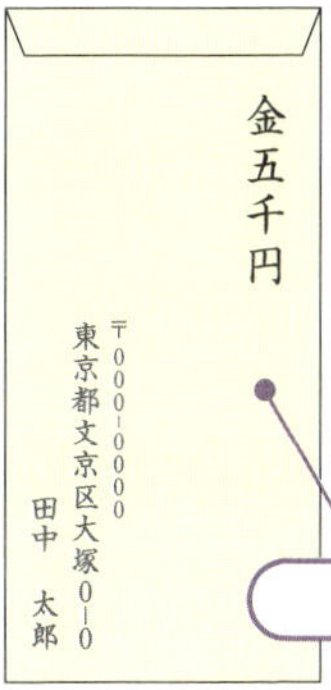

表には何も書かない。指定の枠がなければ、裏の右上に金額、左下に住所と氏名を書く。数字は漢数字で書く。

裏 上側が上になるようにする

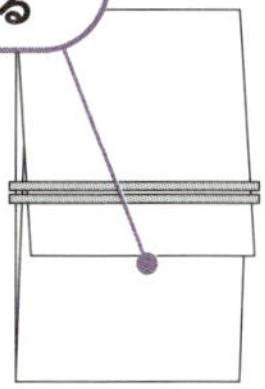

「悲しいことは流す」という意味から、裏は上側を下にかぶせる。逆だと慶事用になるので要注意。

ふくさの包み方

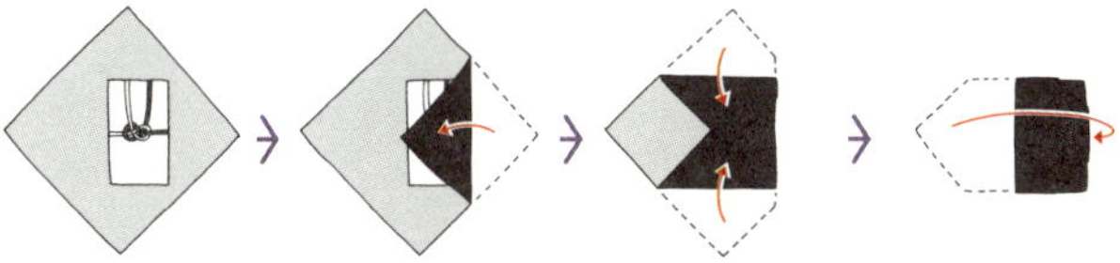

黒か灰色が弔事用のふくさ。ない場合は白の大判ハンカチでも代用可。

ふくさの中央より、やや右側に不祝儀袋を置く。ふくさの右側を折る。

下、上の順にふくさを折る。

左側を折り、余った部分を反対側へ折り込む。

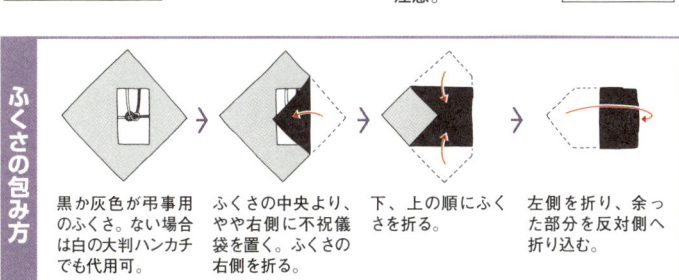

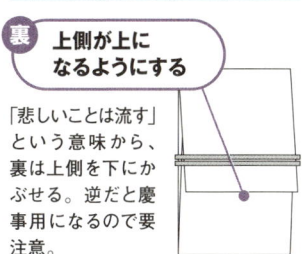

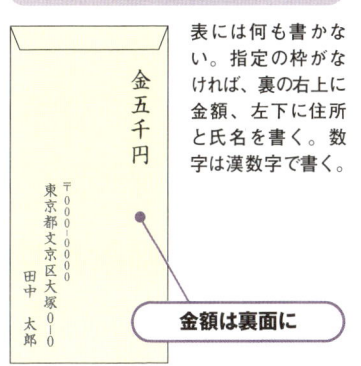

⑩ 通夜・葬儀での服装

黒に統一するのが前提
小物類にも気配りを

通夜へは急に駆けつける場合が多いので、男女とも黒やグレーなど地味な色の平服で構いません。

葬儀と告別式では喪服を着ます。ただし、遺族よりも格上の喪装を着るのはタブーなので、略礼装にします。

男性はブラックスーツに黒ネクタイ、女性は上下黒のアンサンブルやワンピースなどが適当でしょう。

ただし、黒い服でも光沢があったり透けているものは不向きです。小物に殺生をイメージさせるような毛皮や革製を持つのもふさわしくありませんので注意してください。

Q 通夜へ行くときの「平服」とは？

A 地味色の普段服で十分です

最近は、通夜だけにしか顔を出さない人の多くが喪服を来てくるようですが、本来は、準備してきたという印象を与えるため通夜では喪服を着ません。ビジネスシーンで着るような普段着でも構わないのです。職場から駆けつける場合もあるので、ロッカーにネクタイや黒のカーデガンなどを用意しておきましょう。

男性の服装

ブラックスーツはシングル、ダブルのどちらでも構わない。シャツは白無地のもので、ネクタイは黒にする。もし、用意できない場合は地味な色でもよい。

小物類

カフスボタンや金ボタンは不向きなので銀にする。靴下と靴も黒にし、全体を黒で統一する。

女性の服装

アンサンブル、ワンピース、ツーピースがよい。色は黒、グレー、ダークブラウンなどを。スカート丈はひざ下にする。ストッキングは肌色か黒を着用する。

小物類

派手なバッグはNG。アクセサリーは真珠の一連ネックレス程度ならよい。靴は光沢感のない黒を。

⑪ 通夜～告別式でのふるまい

遺族に失礼のないように マナーを守って弔う

葬儀や告別式に参列するときに、遅刻はタブーです。必ず開始10分前には到着しておき、携帯電話の電源をOFFにしてから受付へ向かいましょう。

故人との別れは宗教によって所作が異なるので、さまざまな宗教の作法をひととおり覚えておき、当日は周囲の人のふるまいにならいます。

通夜では遺族へのお悔やみを述べますが、葬儀・告別式では述べないのが礼儀です。

仏式の葬儀と告別式はよく混合しがちですが、本来、葬儀は故人の成仏を祈る儀式、告別式は生きている人が故人に別れを告げる儀式です。最近は続けて執り行われることが多いので、なるべくどちらにも参加します。

仏式での弔い方

通夜

亡くなった当日に近親者や友人が集まって故人を見守る。通常は2～3時間の半通夜。

① 着席
② 僧侶の読経
③ 焼香
④ 通夜ぶるまい

→

葬儀・告別式

葬儀は故人と親しかった人が冥福を祈る式。告別式は故人に最後の別れをする式。

① 開式の辞
② 僧侶の引導・読経
③ 弔辞・弔電の奉読
④ 読経・焼香
⑤ 僧侶退場・閉会の辞

→

出棺・火葬

親族代表の挨拶があり、斎場から霊柩車が出発する。見送りの出棺までは参列を。

通夜ぶるまいでの所作

通夜の後に、喪家が参列者に対して食事やお酒をふるまうこと。故人の思い出話などをするが、遺族の悲しみや心身の疲れを思いやって長居はしないこと。

葬儀・告別式のふるまい

受付は10分前に

● お悔やみ言葉をかける

簡潔な挨拶をするだけでも十分。遺族に対面しても長々と話したり、死因を聞いたりするのはタブー。

● 香典を渡す

ふくさの上に不祝儀袋をのせながら受付へ渡す。上司の代理で参列した場合は、上司の名刺も渡す。

進行に従って参列

● 厳粛な態度で臨む

式次第に沿って読経を聞き、焼香をする。僧侶が入退場するときには丁寧に礼をする。

● 出棺まで参列する

斎場の出入口で喪主が挨拶をする。霊柩車が動き出したら、合掌して冥福を祈る。

● 芳名帳に記入

芳名帳に住所と氏名を記帳する。上司の代理なら、上司の名前を書き、横に「代」と自分の名前を書く。

お悔やみ言葉

- 「このたびは、まことに残念なことでございます」
- (仏教)「このたびは、ご愁傷様でございます」
- (キリスト教)「やすらかに眠られることをお祈り申し上げます」

中座しなければならない場合は

やむを得ず中座する場合は受付に伝えておき、会場の一番後ろに座る。僧侶の読経中はなるべく避け、タイミングをみはからって静かに退室する。

そのほかの宗教

神　式

仏教用語は使わない

通夜は「通夜祭」、葬儀は「葬場祭」と呼ぶ。葬場祭の前に手と口をすすぐ手水《ちょうず》という清めの儀式をしたり、二礼二拍手一拝の作法でお参りしたりする。

キリスト教

死の捉え方に違いがある

死とは神のもとへ召されることと考えられているので「ご愁傷様」は禁句。カトリックはミサ、プロテスタントは神への祈りを中心とした式を行う。

宗派ごとの弔い方

仏教の作法

焼香と合掌で死者への弔いをする。最近では通夜、葬儀、告別式いずれも焼香が一般的。合掌のときには数珠の使い方にも注意。

合掌時は両手の人差し指と親指の間にかける。使わないときは房を下にして左手で持つ。

線香焼香

①

遺族と僧侶に一礼し、焼香台の前で遺影を見ておじぎし、合掌する。

②

線香を1本取り、ろうそくで火をつけて炎を手で仰いで消す。

③

線香を香炉に立て、合掌。一歩下がって遺影、遺族、僧侶に一礼する。

立礼焼香

①

遺族と僧侶に一礼し、焼香台の手前で遺影を見て深くおじぎし、合掌。

②

頭を軽く下げながら抹香を眉間の高さに上げる。香を香炉へ落とす。

③

故人に合掌し、一歩下がって一礼する。遺族と僧侶にも一礼を。

回し焼香

①

香炉が回ってきたら会釈して受け取り、ひざの前に置く。祭壇に合掌する。

②

3本の指で抹香をつまみ、眉間の高さに上げてから香炉に落とす。

③

祭壇に再び合掌する。両手で香炉を持ち、次の人へ渡す。

神式での作法

「玉串奉奠の儀《たまぐしほうてん》」という弔いを行う。玉串は榊《さかき》の枝に四手《しで》という神紙を下げたもので、祭壇に捧げる。仏教と違い、数珠は持たない。

玉串奉奠《たまぐしほうてん》の作法

神官から玉串を受け取り、右手で根元を、左手で葉を支えるようにして持つ。

祭壇前で一礼して進み出て、玉串を時計回りに90度回し、祭壇に葉を向ける。

左手で根元、右手で葉を支えるように持ちかえ、玉串を回転させる。

そのまま祭壇に供える。2~3歩下がり、二礼二拍手一礼して下がる。

キリスト教での作法

カトリックでもプロテスタントでも生花を祭壇へ捧げる「献花」という儀式をする。信者ではなくても、係の案内に従って作法を行う。

献花の仕方

係の人から、両手で花を受け取る。このとき、茎は左、花は右になるように持つ。

花を持ちながらそのまま祭壇へ進み、献花台の前で深く一礼する。

花の茎が献花台を向くように持ちかえる。そのまま献花台に花を置く。

黙祷《もくとう》（信者は十字を切って祈る）する。一歩下がり、祭壇に一礼して戻る。

ビジネス文書の書き方 | 1

社内文書

社内文書は連絡や報告を正確に伝えることが第一の役割です。そのため、儀礼的な挨拶や前文は省いてすぐ本題に入り、内容は簡潔にまとめ、敬語は丁寧語を使う程度にします。

頻繁に使う文書は、会社によってフォーマットがあるので、それに従って作成すればよいでしょう。必ず読み返し、誤字脱字や日時などの数字に間違いがないかを一度確認します。

社内文書フォーマット

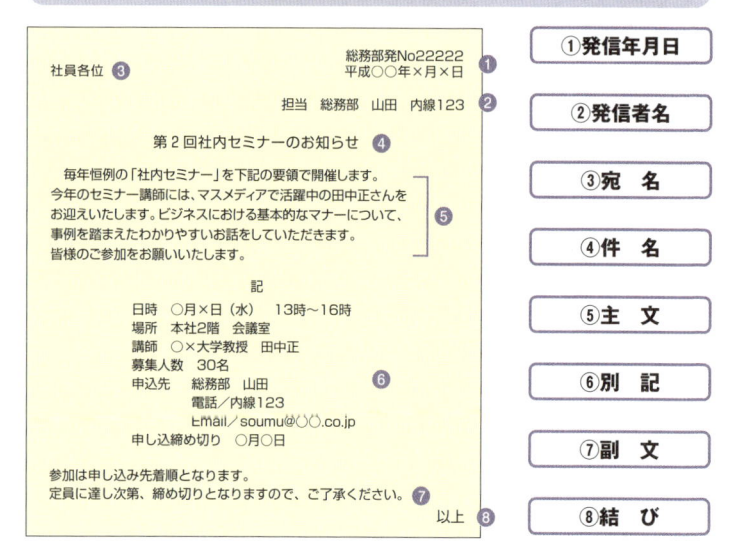

総務部発No22222
平成○○年×月×日 ❶

社員各位 ❸

担当　総務部　山田　内線123 ❷

第２回社内セミナーのお知らせ ❹

毎年恒例の「社内セミナー」を下記の要領で開催します。
今年のセミナー講師には、マスメディアで活躍中の田中正さんをお迎えいたします。ビジネスにおける基本的なマナーについて、事例を踏まえたわかりやすいお話をしていただきます。
皆様のご参加をお願いいたします。 ❺

記

日時　○月×日（水）　13時～16時
場所　本社2階　会議室
講師　○×大学教授　田中正
募集人数　30名
申込先　総務部　山田
電話／内線123
Email／soumu@○○.co.jp
申し込締め切り　○月○日 ❻

参加は申し込み先着順となります。
定員に達し次第、締め切りとなりますので、ご了承ください。 ❼

以上 ❽

①発信年月日
②発信者名
③宛　名
④件　名
⑤主　文
⑥別　記
⑦副　文
⑧結　び

社内文書の種類

報告書
業務報告や会議の議事録などは結論を率直に述べ、説明を一枚にまとめる。

企画書
新商品の企画などの文書は企画意図や戦略情報を入れ、説得力ある文に。

顛《てん》末《まつ》書《しょ》
トラブルが起きたときにその経緯を説明する文書。時系列にまとめるとよい。

始末書
会社に提出する反省文のこと。原因究明し、再発防止に向けた決意を書く。

稟《りん》議《ぎ》書《しょ》
上司の承認を得るために提出する文書。物品購入や見積書などがある。

掲示文
業務連絡や社内行事など、社内または部内の人に対してお知らせする文書。

ビジネス文書の書き方 2

社外文書

取引先やお客様に対する社外文書は、会社を代表した意見や見解だと受け取られます。わかりやすく書くことはもちろん、前文では挨拶を述べ、頭語と結語をつけるといった礼儀を欠かさないようにしましょう。前文、頭語、結語は決まり文句を覚えておくと安心です。また、作成後は客観的に判断してもらうため、上司や先輩に見てもらうとよいでしょう。

社外文書フォーマット

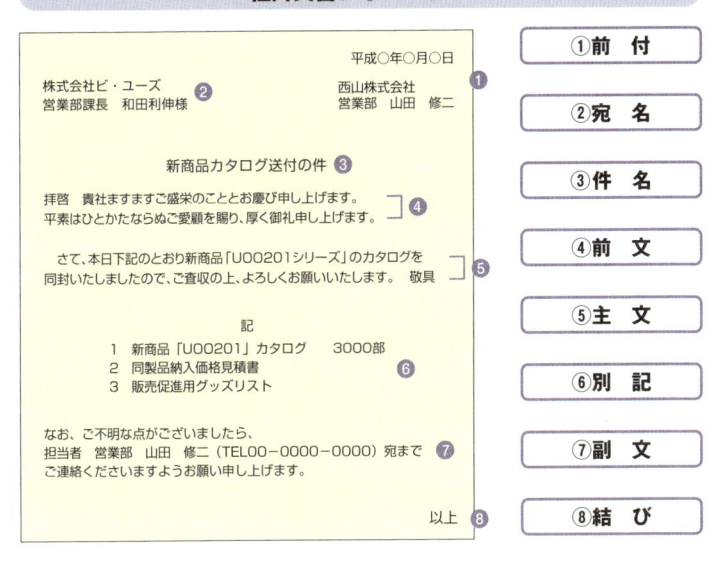

平成○年○月○日

株式会社ビ・ユーズ
営業部課長　和田利伸様 ②

西山株式会社
営業部　山田　修二 ①

新商品カタログ送付の件 ③

拝啓　貴社ますますご盛栄のこととお慶び申し上げます。
平素はひとかたならぬご愛顧を賜り、厚く御礼申し上げます。 ④

さて、本日下記のとおり新商品「U00201シリーズ」のカタログを
同封いたしましたので、ご査収の上、よろしくお願いいたします。　敬具 ⑤

記

1　新商品「U00201」カタログ　　3000部
2　同製品納入価格見積書
3　販売促進用グッズリスト ⑥

なお、ご不明な点がございましたら、
担当者　営業部　山田　修二（TEL00−0000−0000）宛まで
ご連絡くださいますようお願い申し上げます。 ⑦

以上 ⑧

①前　付
②宛　名
③件　名
④前　文
⑤主　文
⑥別　記
⑦副　文
⑧結　び

社外文書の種類

依頼状
仕事の依頼など。詳細や相手を選んだ理由を書く。

案内状
新商品の紹介や説明会への招待。日時は正確に。

交渉状
代金や納期を変更するなど、重要事項は書面に記す。

見積書
金額の内訳や詳細など。金額や数値は要確認。

● 前文の例

「貴社ますますご発展のこととお慶び申し上げます」

「○○様におかれましてはますますご健勝のこととお慶び申し上げます」
（健勝＝健康がすぐれて健やかなこと）

「このたびは格別のお引き立てにあずかり深く感謝申し上げます」

ビジネス文書の書き方

3 手紙・はがきの書き方

手紙やはがきで出すお礼状や挨拶文などは、仕事上の人間関係を円滑にすることを目的に書きます。時候の挨拶、頭語と結語などを入れて書くのが基本ですが、書類送付の際につける手紙などは長々と書く必要はありません。なによりも相手を思いやる気の利いたひと言を添え、季節の変わり目やお世話になった後などにタイミングよく送ることが大切です。

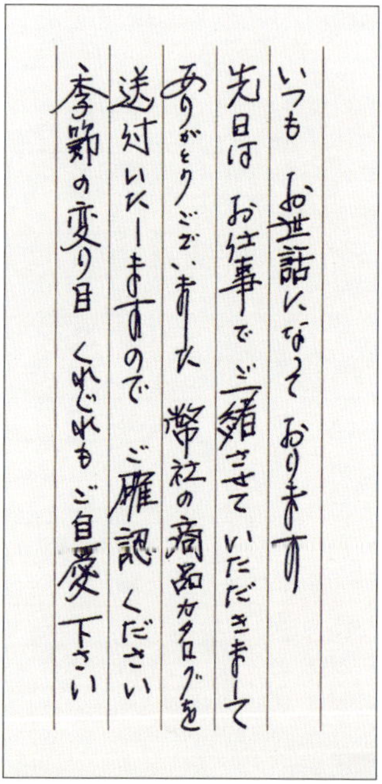

いつも お世話になって おります
先日は お仕事で ご一緒させて いただきまして
ありがとうございました 弊社の商品カタログを
送付いたしますので ご確認ください
季節の変わり目 くれぐれも ご自愛下さい

手紙のルール

- 大きくわかりやすい文字
- 内容は簡潔に
- 曲がったり汚れたりは厳禁

一筆箋を使う場合は、お礼の言葉と挨拶をシンプルにまとめ、全体のバランスを考えてきれいな字で書く。青いペンは誠実さとフレッシュさを表す。

基本の流れ

頭　語

時候の挨拶　季節に合った時候の挨拶は、相手に違和感を与えないような言葉を選ぶ。

主文・末文　主文には伝えたい用件は何なのかをまとめて書く。末文には最後の挨拶を書く。

結　語

頭語と結語

通常
「拝啓」は頭を下げて申し上げますという意味。
拝啓－敬具

丁重
謹んで申し上げますという意味。役職の高い人へ。
謹啓－謹白

急用
緊急の要件に。取り急ぎ申し上げますという意味になる。
急啓－草々

返信
前文は「お手紙ありがとうございました」でもよい。
拝復－敬具

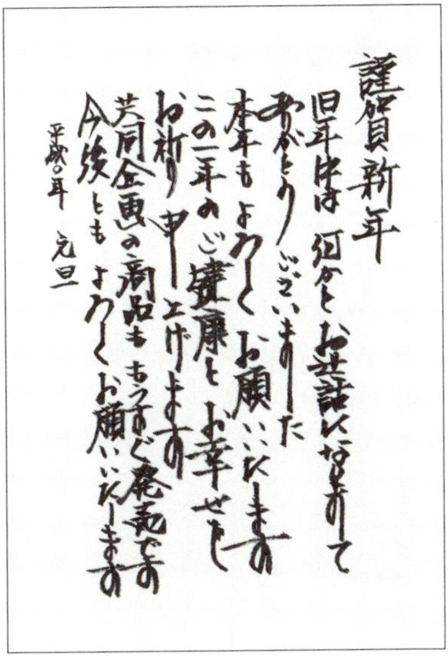
謹賀新年
旧年中は 何かとお世話になりまして
ありがとうございました
本年もよろしくお願いいたします
この一年のご健康とお幸せを
お祈り申し上げます
共同企画の商品も もうすぐ完成です
今後とも よろしくお願いいたします
平成○年 元旦

はがきのルール

- 読みやすい文字
- 全体のバランスを考える
- 送るタイミングを逃さない

文字の大きさや行間の空きは、なるべく均一にすると読みやすい。年賀状や暑中見舞いの場合は頭語と結語を省く。目上の人へのお礼状には適さないので注意。

はがきを用いるとき

- 年賀状
- 暑中見舞
- 転任の挨拶
- 季節の挨拶　など

時候の挨拶例

月	挨拶例
1月	厳寒の候　初春の候 寒さことのほか厳しき折から 松の内もあけて
2月	余寒の候　梅花の候 立春とは名ばかりの寒さの折 余寒のみぎり
3月	早春の候　弥生の候 日差しうららかな今日この頃 浅春のみぎり
4月	陽春の候　桜花の候 春たけなわの折りから 桜花爛漫の季節を迎え
5月	新緑の候　若葉の候 青葉若葉の風薫る五月 若葉がまぶしいこの頃
6月	梅雨の候　向暑の候 あじさいの花咲く頃 暑さも日増しに加わり
7月	盛夏の候　猛暑の候 太陽がまぶしい季節 酷暑のみぎり
8月	残暑の候　晩夏の候 残暑厳しき折から 炎暑の夏もしだいに遠のき
9月	清涼の候　初秋の候 そぞろ涼風の立つ頃 一雨ごとに秋めく
10月	秋冷の候　紅葉のみぎり 木の葉も美しく色づいて 天高く馬肥ゆる秋
11月	晩秋の候　向寒の候 秋色日増しに深く 冬も間近に迫り
12月	寒冷の候　師走の候 木枯らしが身にしみる頃 年の瀬もいよいよ押しつまり

ビジネス文書の書き方

4 文書作成のヒント

ビジネス文書では要点がわかるような文面が要求されます。誤解を招くような文書では、意図が正確に伝わらず、仕事が遅れるばかりか、トラブルの原因になりかねません。また、「です」「ます」調に統一する、句読点や改行を多く使ってリズムをとる、見出しを大きくするといった視覚表現にもこだわると書面が見やすくなり、より読みやすくなるでしょう。

ヒント1

短くすっきりとまとめる

だらだらと長い文書では、相手は読むのに時間がかかり、何が重要なのかがわかってもらえません。前文は短くすませ、改行してから本題に入って結論を述べます。詳細は改行または箇条書きにしてまとめます。改行すると余白ができて見やすくなり、相手が急いでいるときでも、本題や必要な情報だけ見ることができます。

● 1つの文は7～8行に

接続詞を多用せず、ひと文は短くまとめる。7～8行以上続く場合は改行して段落を分ける。

● 箇条書きを用いる

複数の事柄を伝えなければならない場合は、箇条書きにして並べるとわかりやすい。

ヒント2

わかりやすい表現にする

読んだ相手によって受け取り方が違うと誤解が生じます。相手へ正確に意図を伝えるため、わかりにくい表現や難しい言葉は使わず、言い回しを考えましょう。専門用語や外来語もなるべく控え、必要な場合は解説や注釈をつけます。また、不明な点があったときに連絡をもらえるよう、電話番号やメールアドレスなどを明記します。

NG例

**「お手数ですが、
今週中に
商品をお送りください」**

**この文だと
ここがわからない**

① 今週中に発送すればよいのか？
② 今週中に届くようにするのか？
③ すべての商品を送るのか？

ヒント3

起承転結を考えて書く

文書構成の要となるのが起承転結です。伝えたい内容はこの流れに沿って展開していくと伝わりやすくなります。文書を書き始める前に、情報をノートなどに箇条書きに書き出してみましょう。その内容を起承転結になるように並びかえてつなげ、情報の整理をするとスムーズな文意になります。

起 まずは結論や提案を伝える。頭語と前文の後、改行してすぐに書くとよい。

承 結論がどうやって導きだされたか、どうしてそのようなことが起こったのかなどを具体的に。

転 自分の出した提案についての問題提議やリサーチしてみた結果などを書く。

結 問題を受けての、今後の見解や対策、相手への要望などを書き、文を締める。

ヒント4

5W2Hを正確に伝える

商品の点数や価格、予定されている日程や場所などの連絡事項は、漏らさず確実に伝えます。5W2Hを意識することは、その確認になります。また、とくに締め切りを決めていない事柄でも、「早めに」というより「25日までに」と具体的な数字を出すほうが、確実に意図が伝わります。

POINT 書き終わったら必ずCheckする

作成後はどんなに忙しくても見直すこと。とくに、数字や人名の間違いは誤解のもとになるので、念入りに確認を。パソコンでの変換間違いにも注意する。

● **When（いつ）**

実施日、期限、期間、発信日、決済日、提出日、開催日時など。

● **Who（だれが）**

発信者名、対象者名、担当者名など。文書の責任の所在を明確にする。

● **Where（どこで）**

集合場所、会場の住所など。一緒に地図やアクセスなどの資料をつけるとよい。

● **What（何が）**

見出しや件名をわかりやすく明記する。ひと目見て、内容が分かるようにしておく。

● **Why（なぜ）**

目的、根拠、企画、方針など。この文書がどういう意味をもっているのかがわかるように。

● **How（どのように）**

状況の説明。文書作成の経緯と今後の対策などを具体的に述べる。

● **How　much（いくら）**

予算、見積り、経費、費用、注文量などお金に関する数値。

5 正しい敬語の使い方

上司への報告書に「お願い申し上げます」などの過度な敬語は必要ありません。改まった文ではかえって違和感があるので、社内文書には「です・ます」調を使う程度にします。

一方、取引先相手などに渡す社外文書は、礼儀を重んじるので正しい敬語を使わなければ失礼になります。とくに、頻繁に使う言い回しは曖昧にならないよう正しく覚えましょう。

✕ よろしくお願いします
○ よろしくお願い申し上げます

結びの挨拶には「申し上げます」と、謙譲語を入れたほうがより丁寧な文書になる。「よろしくお願いいたします」でもOK。

✕ ご尽力になれる
○ お役に立てる

「尽力」は力をつくすという意味だが尊敬表現なので自分の行動には使わない。「ご尽力頂きまして」と相手の行動に使う。

✕ 多忙中
○ ご多忙中

「お忙しい中、申し訳ございません」と、相手を労う意味に使うので、「ご」をつけてより丁寧な表現にする。

✕ ごなたでもご参加できます
○ どなたでもご参加になれます

「ご参加できる」は「お(ご)～する」という謙譲語を可能表現にした形。「お(ご)～になる」が正解。(208ページ参照)

✕ 見てください
○ ご覧ください

「見る」を尊敬語の「ご覧になる」に直した形。これは基本的な表現なので、社内文書でも用いたほうがよい。

✕ 報告いたします
○ ご報告申し上げます

社内文書なら「報告いたします」でも構わないが、社外の人へは謙譲語の「申し上げます」をつけてより丁寧にする。

敬語の種類

尊敬語

上司や先輩、顧客など自分より目上の人の動作や状態、所有物などに対して使う言葉。相手へ敬意を込めて使う。「おっしゃる」、「いらっしゃる」など。

謙譲語・丁重語

自分の行動や状態をへりくだって言うのが謙譲語で、「申し上げる」など。同じ謙譲語だがより丁寧に伝えるのが丁重語で、「申し上げます」など。

丁寧語・美化語

言葉の最後に「です」「ます」などをつけて上品な言葉づかいにするのが丁寧語。名詞に「お」「ご」をつけるのが美化語「お金」「ご紹介」など。

人や物の呼び方一覧

対象	相手側	自分側
個人	あなた様・貴殿・先生	わたくし・小生
複数人	ご一同様・各位・おふた方	一同・両名・私ども
上役（上司）	ご上司の方	上司
上役（係長）	の係長様	係長
上役（部長）	の部長様	部長
上役（社長）	の社長様	社長
上役（会長）	の会長様	会長
友人	ご友人	友人
学友	ご学友、ご同窓	学友、同窓
下役 自分より役職が低い	（氏名）様、（氏名）氏	氏名のみ
社員	社員の方	私どもの社員
会社	貴社、御社	弊社、小社、当社
氏名	ご芳名	氏名、名
承諾	ご承諾、ご高承	承諾、承る
努力	ご尽力	微力
気持ち	ご厚情、ご芳情、ご芳志、ご厚志	微志、薄志
手紙	ご書面、ご書状	書面、寸書、書状
品物	ご佳品、結構なお品	粗品、心ばかりの品
宴会	ご盛宴	小宴
父親	お父上（様）、ご尊父様	父、老父、実父
母親	お母上（様）、ご母堂様	母、老母、実母
夫	ご主人様	夫、主人、宅、氏名のみ
妻	奥様、令夫人、御令室様	妻、家内、愚妻

■ 監修者紹介

岩下宣子　Noriko　Iwashita

NPOマナー教育サポート協会理事長。財団法人日本電信電話ユーザ協会もしもし検定専門委員。現代礼法研究所主宰。共立女子短期大学卒業。全日本作法会の故内田宗輝氏、小笠原流・故小笠原清信氏のもとで学ぶ。１９８４年に現代礼法研究所を設立。マナーデザイナーとして、企業、学校、公共団体などで指導や研修、講演などで活躍中。著書には「図解マナー以前の社会人の常識」（講談社＋α文庫）、「面白いほどよくわかるビジネスマナー」（日本文芸社）、「女性の気品」（主婦の友社）などがある。

本書の内容に関するお問い合わせは、**書名、発行年月日、該当ページを明記**の上、書面、FAX、お問い合わせフォームにて、当社編集部宛にお送りください。**電話によるお問い合わせはお受けしておりません**。また、本書の範囲を超えるご質問等にもお答えできませんので、あらかじめご了承ください。

FAX：03－3831－0902

お問い合わせフォーム：http://www.shin-sei.co.jp/np/contact-form3.html

これだけは知っておきたい！
ビジネスマナーBOOK

2015年３月25日　発　行

監修者　岩　下　宣　子
発行者　富　永　靖　弘
印刷所　公和印刷株式会社

発行所　東京都台東区台東２丁目24　株式会社　新星出版社
〒110-0016　☎03(3831)0743

ISBN978-4-405-10211-8